企业社会责任与公司法完善路径研究

张红侠 著

中国原子能出版社

图书在版编目（CIP）数据

企业社会责任与公司法完善路径研究 / 张红侠著
. -- 北京 ：中国原子能出版社，2022.11
ISBN 978-7-5221-2543-5

Ⅰ．①企… Ⅱ．①张… Ⅲ．①企业责任－社会责任－研究②公司法－研究 Ⅳ．① F272-05 ② D912.290.4

中国版本图书馆 CIP 数据核字（2022）第 235593 号

企业社会责任与公司法完善路径研究

出版发行	中国原子能出版社（北京市海淀区阜成路 43 号　100048）
责任编辑	杨晓宇
责任印制	赵　明
印　　刷	北京天恒嘉业印刷有限公司
经　　销	全国新华书店
开　　本	787 mm×1092 mm　　1/16
印　　张	11.25
字　　数	214 千字
版　　次	2022 年 11 月第 1 版　　2022 年 11 月第 1 次印刷
书　　号	ISBN 978-7-5221-2543-5　　定　价 72.00 元

作者简介

　　张红侠，女，经济法学博士，宿迁学院副教授，研究方向为诉讼法学。近年来主持、参与了一些省级、部级课题，如主持2021年安徽省教育厅人文社会科学重点研究项目：家事审判改革的理念与路径（项目编号：Sk2020A0978）。在《法治日报》《湖南社会科学》《西南交通大学学报》上公开发表论文20余篇，在中国社会科学出版社出版了专著《人民调解变迁研究——以权威类型转变为视角》。

　　本书是2022年宿迁学院思想政治理论课教学研究专项课题："新时代大中小思政课一体化视域下大学生法治教育研究"（项目编号：2022SZZX07）的研究成果之一。

前　言

经济全球化的趋势和互联网的快速发展加速了我国企业社会责任理论和实践的发展，提出了企业在发展过程中应当承担企业社会责任的问题。企业社会责任促进了强制性的规章制度，实现了企业短期利益和长期利益的转变及企业社会责任与公司治理的融合，通过将公司法的部分理念融入企业内部实现企业获益，同时承担社会责任。

全书共七章。第一章为绪论，主要阐述了企业社会责任的界定、企业社会责任的性质、企业社会责任的主要内容、企业社会责任的法律定位、企业承担社会责任的必要性等内容；第二章为企业社会责任的历史与现状，主要阐述了企业社会责任的发展历史、企业社会责任的现状、企业社会责任在公司法实践中存在的问题等内容；第三章为企业社会责任的法理基础，主要阐述了企业社会责任的理论基础、企业社会责任与私法自治原则、企业社会责任引入公司法的法理等内容；第四章为企业社会责任的价值审视，主要阐述了企业社会责任对人的价值、企业社会责任对企业的价值、企业社会责任对社会发展的价值等内容；第五章为公司法的价值取向，主要阐述了公司法的一般价值要求、公司法的特殊价值要求、公司法的价值体系配置等内容；第六章为国外企业社会责任的公司法实践及其启示，主要阐述了美国企业社会责任的公司法实践、英国企业社会责任的公司法实践、德国企业社会责任的公司法实践、欧洲企业社会责任的公司法实践、日本企业社会责任的公司法实践、国外企业社会责任的公司法实践对我国的启示等内容；第七章为我国企业社会责任的公司法完善路径，主要阐述了企业社会责任的实现机制、企业社会责任的法律化体系构建、企业社会责任的公司法完善路径等内容。

在本书撰写的过程中，借鉴了国内外很多相关的著作、论文等相关研究成果，在此对相关学者、专家表示诚挚的感谢。本书的编写也吸收了2022年《中华人民共和国公司法》修订草案关于公司社会责任的规定。

由于本人水平有限，书中有一些内容还有待进一步深入研究和论证，在此恳切地希望各位同行专家和读者朋友予以斧正。

目　录

第一章 绪 论

随着我国现代企业制度的建立健全，产品质量、环境保护、劳工权益等企业社会责任问题越来越引起社会的广泛重视。社会责任是一个企业生存及发展的重要支撑。本章分为企业社会责任的界定、企业社会责任的性质、企业社会责任的主要内容、企业社会责任的法律定位、企业承担社会责任的必要性五部分，主要包括企业社会责任的定义及分类、影响企业社会责任的因素、企业对消费者的责任、企业社会责任的法律内涵及现状等内容。

第一节 企业社会责任的界定

一、企业社会责任的内涵

（一）企业社会责任的定义

企业社会责任的定义最早形成于 20 世纪的美国，其指出企业应该将社会责任与满足消费者的其他责任相结合，值得一提的是企业责任中的道德部分有利于增进社会的整体效益。

现代企业社会责任之父鲍恩（Bowen）指出企业有责任将社会的整体目标和价值观纳入制定决策的参考范围，同时指出企业社会责任在引导企业未来发展方向上具有重要意义。目前，学术界关于企业社会责任的界定有着不同的判定，但大都包含社会、环境、利益相关者和经济发展等方面。

达尔斯鲁德（Dahlsrud）从目前较为常用的几个不同的企业社会责任的概念进行剖析，结果表明，定义虽然多样，但在一定程度上来说主要还是涵盖社会、经济、利益相关者、环境和主动性这五个维度。

卡罗尔（Carroll）和沙巴纳（Shabana）将企业社会责任的范围扩大到包括可持续发展在内的多个领域。其中，以卡罗尔的社会责任"金字塔"理论模型应用最为广泛，如图 1-1 所示，在"金字塔"中，最底层的是经济责任，它是企业整个社会责任的基础部分，也是核心部分，经济责任的具体表现就是为社会提供有价值的产品和服务，实现经济收益；法律责任则为企业所承担责任的第二层，要求企业在日常经营生产活动中需要遵守和维护法律；伦理责任是承担责任的第三层，是指企业在法律之外、道德之中应当遵守的公序良俗；位于金字塔最顶尖的则是慈善责任，这是企业根据自身情况而施行的最高层次的责任，往往是社会大众所期许的，如一些慈善捐助和对弱者群体的关注等。

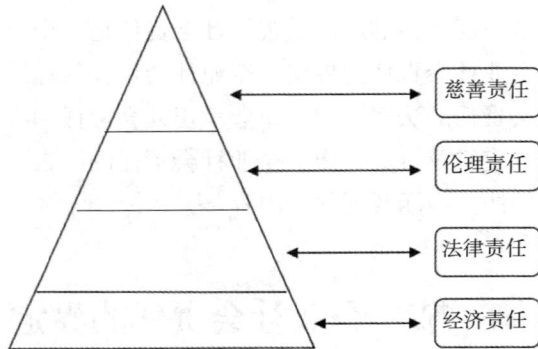

图 1-1   社会责任"金字塔"理论模型

在我国对于企业社会责任的研究中，最具权威的是中国社会科学院提出的"四位一体"评价模型。该模型依据利益相关者理论，结合我国的实际情况，把企业履行的社会责任划分成"四位"，即责任管理、市场绩效、社会绩效、环境绩效。责任管理作为企业社会责任履行的基础位于模型的中间部位，其中社会绩效和环境绩效位于责任管理的上方，而市场绩效则位于其下方，通过这样的闭环结构形成一个稳定的社会责任管理机制。

社会责任管理机制从利益相关者角度入手，探究了企业社会责任的本质原理及其背后的协调运作机理。从利益相关者角度出发，企业承担社会责任主要是受到了两方面的影响，一方面是由股东、员工、供应商、消费者等利益主体组成的驱动力量，企业承担这类社会责任主要是出于利己动机，其为了能够与各利益主体建立长期友好的合作关系，获取更多的经济利益；另一方面则是环境、社会公众及政府等组成的制约力量，企业承担这一部分的社会责任更多是出于利他动机。因此，可依据履责动机的不同，将企业社会责任细分为战略性社会责任和利他性社会责任。具体来说，战略性社会责任被视为一种战略性投资行为。企业通过实施战略性社会责任，能够为企业带来高效直接的利益流入。利他性社会责任是指一部分不能直接为企业带来经济效益的投资支出，如对环境、社会公众等其他维度的利他性支出。大部分企业社会责任的履行都同时呈现出了利己和利他两种动机。

（二）企业社会责任的衡量

企业在社会责任方面的作为或业绩与企业自身的情况息息相关，比如企业的综合实力、企业的责任意识、企业对社会福利的观点等，必然存在着"度"的区别。若想加以区分，就需要将企业社会责任业绩量化，为此，学者们提出了三种可操作的衡量方法。

第一，问卷调查法。通过邀请被调查者回答问卷的形式收集信息，问卷描述了不同企业的社会责任指标，被调查者的打分和评价组成了企业的得分，而企业社会责任的总得分由各项指标的平均得分得到。问卷调查法的应用范围广、技术难度低，是广受好评的一种方法，但在实施过程中仍存在较大困难。首先，被调查者需要掌握样本企业的详细信息，而这些信息与企业的成长历程高度相关；其次，由于问卷篇幅的限制，变相地限定了单个问卷可调查的样本企业数量；最后，该方法考察的信息均由被调查者从不同的渠道汇总而来，与被调查者的个人认知和经历息息相关，结果的主观性太强。因为这些局限性，问卷调查法在实际操作中被采用的频率逐渐降低。

第二，内容分析法。作为一种收集信息的技术，该方法主要从企业的年度报告、公开文件、传播媒介报道中提取信息，通过统计报告中的关键字、相关描述等，并以其数量作为对企业社会责任履行情况的衡量依据赋值，得分越高的企业社会责任表现越好。

相较问卷调查法，内容分析法的优势是非常明显的：一是所需的信息几乎都是公开的，不需要经过样本企业的允许，具有较高的可获得性；二是可同时参与研究的样本数量在一般意义上来说不受限制。但内容分析法的分析基础存在一个局限性，即企业公布的报告中的信息存在谎报、漏报的可能性，以此为依据得到的评分也是不准确的。

第三，指数法。首先需要将企业社会责任信息分为少数几个大的类别；其次将大类别细化为较小的类别，通过定量分析和定性分析为小类别赋值打分，最后从小到大将分数汇总就得到指数法下的企业社会责任业绩得分。运用指数法进行大小类别划分时，依靠的多是研究者的知识积累和经验判断，因此不同的标准有不同的结果。但万变不离其宗，指数法在企业社会责任的衡量工作中使用得非常广泛，其准确性也得到了肯定。

当今国内对企业社会责任业绩进行衡量评级的第三方机构主要有两个，它们都是在指数法的指导下，致力于为社会公众提供客观科学的企业责任评级信息，但在具体评价方法上各有特色。一是润灵环球（Rankins CSR Ratings，RKS），采用的是 ESG 评级标准，分别代表环境（Environment）、社会（Social）、公司治理（Governance）三个大的议题，每个议题下又包含 4~11 个二级议题。二是和讯网，它将报告内容按照群体的区别分为股东责任、员工责任、供应商、客户和消费者责任、环境责任和社会责任五类，并在各项下依次设立二级指标和三级指标，对社会责任展开全面细致的评价。和讯网在企业社会责任评级上的标准更加清晰明了，并且其数据可免费获得。

（三）企业社会责任的分类

随着国内外学术界和企业界对企业社会责任的不断研究和实践，其涉及的问题和理论研究方向也不断增多。为清晰地深入研究企业社会责任的有关问题，有必要对企业社会责任进行合理分类。

1. 强制性社会责任和自觉性社会责任

按照企业社会责任履行的强制程度，可分为强制性社会责任和自觉性社会责任，强制性社会责任主要是符合法规性要求的，自觉性社会责任是道德层面要求的。通过区分这两种企业社会责任，有助于分析企业社会责任履行的自觉程度和了解其企业价值取向与道德取向。在一定程度上来说，仅仅通过强制性企业社会责任的履行情况，并不能完全真正评价企业间的差距；而通过自觉性社会责任的履行程度评判，可以明显地评价企业间的差距。

2. 外部社会责任和内部社会责任

按照企业社会责任作用的范围，可分为外部社会责任和内部社会责任。前者是与客户、环境、社会等产生的社会责任关系；后者是与股东、员工产生的社会责任关系。通过区分内部和外部社会责任，可区分企业履行社会责任的行为所带来的影响差异。从短期来看，内部社会责任比外部社会责任为企业带来的不良影响更快、更深。而从中长期来看，则相反。

3. 关系社会责任

按照企业社会责任所涉及的关系，可分为经济关系责任、法律关系责任、环境关系责任、文化关系责任和社会公益关系责任。通过对现实中众多的社会责任问题进行分类合并和区分，使得结构相对简单化，有利于有针对性地发现一般规律，从而帮助企业有所根据地履行社会责任。

4.国有、私有企业和外资企业社会责任

按照企业所有制，可分为国有企业、私有企业和外资企业社会责任。按理论来说，无论何种所有制的企业，它们需要承担的社会责任都应是一样的。但正是由于其所有制不同，造成它们对社会责任的认识和履行态度不同，从而导致它们在履行经济责任、法律责任、环境责任、文化责任、社会责任等方面存在不同。

（四）企业社会责任的构成

1.企业社会责任构成的界定依据

（1）几种典型观点的述评

学者们对于企业社会责任的构成进行了大量研究，其中不乏存有争议，但也具有一定的参考意义。现有关于企业社会责任基本内容的划分如表 1-1 所示。

表 1-1　关于企业社会责任构成的代表性观点

国际组织／学者	企业社会责任的构成
亨利·瓦里希和亨利·曼妮（Henry Wallich & Henry Manne）（1972）	前者认为其包括强制的和自愿的，后者强调其只能是自愿的
波特和克莱默（Porter & Kramer）（2006）	将其分为企业战略性社会责任和企业反应性社会责任
卡罗尔（Carroll）（1999）	概括为经济、法律、伦理与慈善四个范畴，构建企业社会责任的金字塔模型；此后又提出各类责任间有交叉的三领域模型
叶祥松和黎友焕（2004）	将其概括为强制型责任和价值观念型责任两种
吴树畅（2008）	从生态角度分为环境、资源、质量以及道义责任
郑琴琴和陆亚东（2018）	从其与自身经营活动的关联度出发，划分为外部慈善型社会责任和内部持续发展型社会责任
许小年（2019）	企业的第一责任是以较低的成本为公众提供产品和服务，企业的第二责任是为员工开辟发展空间，企业的第三责任则是积极参与社区的建设

通过总结以上各观点可以得出以下结论。

一是企业社会责任的构成并不单一，且内容跟随社会的发展而变化。关于企业社会责任议题的认知与态度在时代和社会的发展中不断演变。同时，不同的经济体制、社会环境又会催生出不同范围与程度的企业社会责任。企业作为社会经济的微观单位，经济责任只是其中一项。企业利益与各股东、债权人、消费者、雇员、政府以及社区等群体的利益密切联系，社会环境为企业发展带来了很大的影响，使得其需要肩负更加广泛的其他社会责任。

二是企业社会责任内容的划分多以自身意愿为标准。无论是将其划分为强制和自愿责任、反应和战略责任，还是划分为经济、法律以及道德责任，或是直接的强责任和间接的弱责任，都是以企业履责的自愿程度为分水岭的，实质上是以企业自身履责的实现方式来反映企业社会责任的内涵，统一"其他社会利益"的范畴与程度，在此基础上表现为经济、法规、伦理以及自愿等多维社会责任。

（2）企业社会责任构成的原则

乔治·斯蒂纳和约翰·斯蒂纳（1997）在其著作《企业、政府与社会》中谈到："应从以下五个角度考虑企业社会责任议题：一是无法构建一个任何企业都适用的社会责任模式；二是须将企业视为追求利润最大化的经济组织，不能期待其在没有经济刺激的情况下采取非经济行为；三是企业对于自身导致的外界问题有责任去纠正，而不能忽略外部成本去一味追求自身最大经济利益；四是社会责任因企业不同、社会问题不同而存在差异；五是企业家应当通过研究公共政策来决定其推行的社会责任。"可以看出，学者虽然没有进行明确的构成界定，但实则是对其构成提出了具有针对性的界定原则。由此，认为企业社会责任的构成应当坚持以下几方面。

一是要遵循企业追逐利润的经济规律。要想让企业让渡自己的经济利益，必须在将来能为它带来其他的收益。因此，企业承担社会责任应是关乎自身发展的一种行为，企业逐利的本质直接影响其社会责任行为的选择，这种选择又会受到法律法规、政府管制、外部社会群体等的影响。

二是以利益相关者为对象。将企业视为整合资源进行价值创造的经济组织，社会群体通过向企业投入资源而影响企业的价值创造能力，企业要想实现长期发展，就需要合理公平地进行利益分配，表现为对这些利益相关者进行价值分享，因此企业履责的对象应是各利益相关者。

三是构建以企业行为为主体的划分标准。社会责任的产生一部分来源于企业行为所导致的负外部性问题，一部分来源于企业自发履行。企业社会责任内容的划分以自身意愿为基础，在此基础上表现为经济、法规、伦理以及自愿等多维责任。企业承担社会责任主要围绕利益相关者提供具体的责任项目，以追求可持续竞争优势作为履责的目标方向，社会责任的履行根据企业的不同而不同。

2. 基于企业行为的社会责任构成

尽管各个企业实践的社会责任内容各不相同，但都需要企业去承担相应的社会责任，同时可以选择性的开展其他社会责任活动。以企业行为为主体进行划分，将企业社会责任划分为因企业行为而产生的社会责任和因企业发展而自发的社会责任，在此基础上以社会各利益相关者为对象，探讨其应提供的具体社会责任项目。

（1）因企业行为而产生的企业社会责任

企业行为的外部性产生了一部分需要其通过社会责任方式去解决的问题。因企业行为而产生的企业社会责任可以看作一种制度约束，市场机制中当企业自身的经济利益与社会利益发生冲突之时，社会其他利益组织便会通过立法、制度约束来向企业提出责任要求，要求其兼顾社会利益，并且建立了相应的惩罚机制，当企业不承担这些社会强制要求的责任的时候，便会依法依规对企业进行管制与处罚，从而达到对企业行为的强力约束。按照利益相关者理论，企业发展涉及较多的社会群体，即利益相关者，依据它们对企业发展的重要性，列举因企业行为而产生的企业社会责任的主要内容大致有以下几点。

①公司治理。主要涉及企业对股东与债权人的社会责任，包括资产管理良好；定期发布社会责任报告；保障社会责任披露的全面性与可靠性；等等。

②雇员关系。主要涉及企业对雇员的社会责任，包括采取安全管理体系；进行安全生产培训；进行职业安全认定；对员工进行职业培训；等等。

③产品。主要涉及企业对消费者和供应商的社会责任，包括有相应的产品质量管理体系和售后服务；有诚信经营理念与制度保障；等等。

④环境。主要涉及企业对政府与社区的社会责任，包括减少三废的措施；有节能的政策或技术；公司环境管理系统通过 ISO14001 认证；等等。

（2）因企业发展而自发的企业社会责任

企业本身追求可持续发展的同时而自愿选择去履行一部分社会责任来提升自身竞争力。企业在追逐利润、实现持续发展的内在驱动下，将企业本质、竞争优势与社会责任行为有效整合到企业发展过程中，能够实现经济价值创造与社会价值创造的同步。依据各利益相关者对企业发展的重要性，列举因企业发展而自发的企业社会责任的主要内容大致有以下几点。

①公司治理。主要涉及企业对股东与债权人的社会责任，包括设置社会责任专栏；创建社会责任领导机构或相应的管理部门；进行企业社会责任培训；有对社会以及环境负责任的理念或价值观；等等。

②雇员关系。主要涉及企业对雇员的社会责任，包括公司鼓励员工参股或设立薪酬激励机制；有非常好的退休及其他福利项目；建立员工沟通渠道；等等。

③多样性。主要涉及企业对雇员的社会责任，包括管理人员多元化构成；有创新人资项目；等等。

④产品。主要涉及企业对消费者和供应商的社会责任，包括进行客户满意度调查；在产品质量方面力争获得认证和荣誉；公司有反商业贿赂或者反腐败举措；与商业伙伴是否建立战略共享机制、平台；等等。

⑤环境。主要涉及企业对政府与社区的社会责任，包括开发或运用对环境有益的创新产品、设备或技术；使用可再生能源或采用循环经济的政策、举措；有绿色办公政策或举措；等等。

⑥慈善志愿活动。主要涉及企业对政府与社区的社会责任，包括企业有支持教育的行为；有支持慈善捐赠事业的项目；有杰出的志愿者活动；对国外的援助活动；有带动就业的政策或举措并执行；企业运营对当地经济发展的带动作用，以及促进当地经济发展的政策、举措；等等。

二、企业社会责任的影响因素

影响企业社会责任的因素有很多，国内外有关研究文献颇丰，主要集中于组织特征、管理者异质性、企业文化、公司治理结构等方面。

（一）组织特征

组织特征主要表现在企业的规模、经营的情况、产权的性质等。经过研究，肖红军和阳镇发现，国有制企业的社会责任水平显著高过非国有制企业，这与国有制企业的双重目标特性息息相关。国有制企业在创造经济利益的同时，还担负着推动社会稳定、维护社会秩序、保护生态环境等责任和使命，与非国有制企业单纯追求经济利益的动因迥然不同。有人认为，参与企业社会责任属于资源消耗性行为，资源依赖性强，因而想要企业有投入更多社会责任的意愿，就需要企业拥有丰富的资源和资金，以此支撑企业社会责任的支出。大型企业有着充沛的经济发展资源，可以担负社会责任的高昂成本费用。此外，企业规模越大，越容易受到广泛关注和监督管理，进而促进企业承担更多的社会责任。因而，企业规模对社会责任的承担起到一定的推动作用。

（二）管理者异质性

高层管理团队是企业发展战略的主要制定者和决策者，最终决策的结果会受到高管个人喜好的影响，而成长历程、心理特征、生活环境等都与个人偏好密切相关。因而，高管的背景特征、心理特征、生活经验与企业社会责任水平的高低密切相关。

宋岩和方蓓蓓发现高管的自信程度与社会责任之间的关系不是纯粹的线性关系，而是呈现倒 U 型，当企业的管理层缺乏自信时，更习惯利用社会责任等方式提升企业的价值，从而得到董事的认同，社会责任的优良声誉有利于管理人员得到群众的关注。但是，社会责任不会随着管理层自信心的提升而改变，如果管理层的自信心过高反而不益于社会责任资金的投入，由于管理层过度自信，盲目相信自己的专业水准，将资产更多地用于企业投资，不重视社会责任的作用，从而降低社会责任的水平。

亚当斯（Adams）和芬克（Funk）发现，与男性相比，女性天生的细腻情感更容易为社会做出贡献，因此也更愿意履行高水平的社会责任。

曹越和郭天枭认为学术型高管的教育经验有助于培养其助人为乐、乐于奉献的道德品质，也更容易承担高水平的社会责任。除此以外，高管的工资水平、任职期限、政治理念等都会影响企业社会责任的承担。

（三）企业文化

对企业的决策行为有深远影响的还有企业文化，它也影响着企业社会责任水平。

通过实践研究，辛杰和吴创发现更倾向于投资社会责任的企业家基本都具有不确定性规避、长期导向、集体主义的文化价值思维。

王菁和徐小琴发现更愿意承担高水平社会责任的企业是以诚信、友善、奉献等思想为企业文化的。这是因为企业文化更贴合于社会责任的道德特性。

2021 年，淦末宇发现社会责任水平较高的企业基本上都推崇儒家思想，因为受到儒家文化的熏陶，企业更乐于奉献，儒家倡导的"天人合一""仁爱万物"理念更贴合于企业社会责任。

（四）公司治理结构

苏克曼（Suchman）指出，企业承担社会责任的程度会受到公司治理结构实施的影响，公司治理结构实施得越好，企业承担社会责任的程度就越高。优化公司治理结构能够使企业迅速适应新时期社会发展的政策法规、价值观念、核心理念的规定，同时社会责任也会被企业逐渐列入治理体系中。

马修斯（Mathews）也指出产生积极的市场反应是企业愿意承担社会责任的原因，这将有助于加强企业的合法性管理。

第二节　企业社会责任的性质

一、影响企业社会责任履行的因素

对于大多数国家而言，企业社会责任是非常重要的议题，历来都受到企业经营管理者和社会各界的重视。目前，企业社会责任活动已逐渐成为利益相关者评价企业道德水平的一个重要衡量指标。企业通过慈善捐赠、履行社会责任、对社会责任履行的相关信息进行披露可以产生道德资本，道德资本是企业与各利益相关者之间保持良好关系的纽带，不仅能得到利益相关者的支持，获取企业生存发展所需的关键性资源，而且还能在负面事件发生时产生"保险机制"，所以企业有动机履行社会责任。企业社会责任履行的动机分为制度、道德和经济三类。

（一）道德层面

研究现有资料可以发现，对于企业是否需要履行社会责任存在较大的分歧。

支持者认为企业社会责任是一种战略性的行为，企业的成功需要依托社会责任行为来实现。基于利益相关者理论，企业对满足利益相关者的诉求和利益负有道德责任，因此企业管理者在与利益相关者的互动中倾向于遵守更高的道德标准来证明企业是具有社会责任的。如果企业在社会责任相关举措中投入精力和资源，提高了企业的声誉，它们将会继续维护和管理这种良好声誉。这是因为建立稳固的声誉是一个困难、费钱又耗时的过程。此外，声誉是极其脆弱的，企业的一些错误，如不公平、不诚实或其他不负责任的行为，都将使之前所有的努力付之一炬。因此，那些声誉良好的企业会更加爱惜自己的"羽毛"，并且更愿意继续进行声誉投资，以维持和获得更多的声誉效应。因此，以社会责任为导向的企业都有很强的动力去做那些对自己有益的事情。

而反对者则是从代理观出发，将企业社会责任作为一种实现管理层机会主义动机的手段，认为其是不负责任地利用企业的资源，这种行为不是为了企业，而是为了自己的利益牺牲有限的人力、物力。例如，管理层为了提高自己的名誉和社会地位而进行的慈善捐助，或者利用不明确的信息披露掩盖其个人利益或不道德的行为。

查克拉瓦西（Chakravarthy）等人的研究表明，当企业在发生故意的财务错报后，管理层会倾向于投资社会责任来恢复企业声誉；高勇强等人也发现民营企业利用慈善捐赠转移公众注意力，以便掩饰其社会责任缺失的行为，从而缓解外界所带来的压力，是"绿领巾"而非"红领巾"。

（二）经济层面

社会责任的履行具有一定的广告效应，可以提升客户对品牌的辨识度和忠诚度，是企业实现产品差异化战略并获得竞争优势的战略手段，会对消费者的购买意愿产生正向影响，使其在激烈的竞争中脱颖而出并获得优厚的利润回报。企业社会责任能提升客户满意度，客户满意度已被广泛证实与企业的盈利能力呈正相关。在消费者行为研究中，消费者对某类产品的偏好强烈地受到其企业社会责任履行情况的影响，这种偏好又会直接为企业带来营业收入的增加。以上均是企业履行社会责任的经济动机。

卡特（Carter）研究发现，企业社会责任通过树立良好的企业形象和建立声誉资本，对企业的生产经营活动产生"保险机制"，使其免受负面事件的影响，从而保持企业财务业绩的稳定。如果出现消极的情况，也就是负面事件时，企业将受到来自股东和消费者等外部利益相关方的严厉处罚。而那些企业社会责任做得好的公司往往受到的指控比较少，惩罚也更轻。

沈洪涛的研究结果显示，当企业规模越大、盈利能力越强、信息披露条件越严格时，越能有效地提升企业的社会责任与社会责任信息披露的意愿。

王建明通过对沪市上市公司的实证分析，表明在较高的环境监管压力下，属于高污染行业的企业，其披露的环境信息将会更充分。

二、企业社会责任的基本性质

由于众多学者对于考察企业社会责任时的立场、角度或理论依据各不相同，因此，对于企业社会责任的性质也给出了不同的理解，其中主要观点有"经济责任说""法律责任说""社会责任说""道德责任说""慈善责任说""环境责任说""综合责任说"等。

（一）经济责任说

企业的经济责任是指企业在经济活动中应承担的与其经济职责相对应的责任。企业的经济责任主要为为社会提供质量合格、价格公正的产品，满足股东、员工和企业生存所需要的物质，需要主动缴纳税款增强社会经济实力，达到富国强民的目的等。权利和责任是统一的，企业的经济责任是由企业从社会中获得的职权决定的，企业能否成立是以社会依据一定的关系赋予一定的群体的权利为条件的。我国企业想要成立，要经过我国工商管理部门的审批才有效。国家代表社会给企业一定的权利从事经济活动或提供服务以谋取利益的活动，这些权利赋予的同时也是企业应当承担企业社会责任的时候，因此企业必须履行经济责任。国家用各种形式向企业负责人传递国家对企业的经济责任要求，这些要求体现在法律方面，如税法、企业法、消费者权益保护法等。

在股东责任方面，定期召开股东大会，保护股东的合法权益，完善投资者关系管理，积极履行信息披露义务，提升企业竞争力，为股东创造更多价值，制定合理的利润分配政策等都是企业对股东履行的基本责任。

在客户责任方面，近年来关于客户责任出现的关键词大体保持一致，即企业对客户履行的责任基本没有发生变化，企业履行对客户的责任概括来说就是以满足客户需求为核心，提供优质的产品及服务，不断进行技术研发和产品创新，创造智能化产品，推动企业走向全球化发展路线。

在供应商责任方面，企业不仅对于供应商的披露程度呈上升趋势，而且还对于其履行社会责任的重点有所变化，如"商业道德""合作共赢""供应链管理""供应商管理"。由此可见，企业履行对供应商责任中保持不变的内容是与供应商遵守商业道德，保持双方互惠互利、合作共赢；变化的是"供应商管理"及"供应链管理"，现成为企业履行对供应商责任的重点内容。因为对于企业来说，保证产品质量是企业履行社会责任的首要任务，企业要想实现可持续发展，就需要把好质量关，企业履行对供应商责任中保持不变的内容是与供应商遵守商业道德，相当于供应商也参与到制造商制造产品的过程中，为了确保其制造的产品质量符合标准，企业需要对供应商进行管理，与供应商共同履行社会责任，将企业社会责任在供应链上进行传导。

（二）社会责任说

在员工责任方面，企业履行对员工责任的大方向基本保持不变，"保障员工权益""组织员工培训，提升专业技能""关注员工职业健康安全及职业病防治""帮助困难职工"等是企业对员工履行的基本责任,但多数企业对"职业生涯规划""员工发展""员工满意度"关注度较低,履行的相应责任较少。

在政府责任方面,企业是在我国国民经济和社会发展规划纲要、中国共产党全国代表大会会议精神的指导下履行对政府的责任的,企业会根据国家的"十三五"规划、"十四五"规划相应制定企业自身的经营发展目标。通过研究发现,企业始终是以"安全生产"为核心来履行政府责任的,均包括"诚信经营""依法纳税""提供就业机会"等基本责任。大多数企业认真贯彻党的十八大精神,围绕企业的实际情况,全面提升反腐倡廉建设,提高廉洁意识,有部分企业遵循"党建工作",这也在一定程度上说明了企业认真学习和贯彻习近平新时代中国特色社会主义思想和党的十九大精神,深入贯彻落实党建工作责任制并取得一定成效。由上述内容可知,企业在履行政府责任方面除了履行公民应尽的责任,还会根据党的会议精神及国家规划履行新的责任。

在公益责任层面,近年来,企业在发展过程中所承担的社会公益义务也有所增加。最初公司承担的社会公益义务主要包括对受灾地区,如旱灾、地震等灾区捐款,资助困难学生,关注残疾人等,对贫困地区的关注程度不高,参与的企业也不多。但是,随着国家扶贫力度的加大,2015 年 10 月,全国工商联、国务院扶贫办、中国光彩会联合启动了"万企帮万村"精准扶贫行动,很多企业作为行业的领军企业响应国家号召,积极参与国家精准扶贫项目。于是这期间企业履行的社会公益责任包括参与精准扶贫,关注贫困地区、贫困户和贫困学生,扩展了企业履行社会公益责任的帮扶对象群体。因此,目前的企业社会责任也呈现了"产业扶贫""教育扶贫"等特点,说明企业紧跟国家步伐,不断拓展精准扶贫项目,探索企业参与社会扶贫的新途径,力求建立扶贫脱困长效机制,企业扶贫方式得到丰富。

由此可见,企业社会责任在近年来的发展历程中逐步完善、丰富对社会公益方面的责任,企业对社会公益方面的责任既包括基本保持不变的"关注弱势群体""抗震救灾""捐资助学""捐款捐物"等,也包括随着国家号召新增其履行的社会责任内容,如参与国家"精准扶贫"项目,关注"贫困地区""贫困学生",不断增加企业扶贫新方式,积极履行企业对社会应尽的责任,助力国家打赢脱贫攻坚战。

(三)道德责任说

当前,学界对于"企业道德责任"这一概念并未有一个统一的定义。

杨一凡认为，企业作为社会的一个部分，其责任具有双重性。一方面，企业要有自己的业务发展需求，要能够提供优质的产品和服务，要对企业员工负责；另一方面，它作为社会发展的手段而存在，要服务于整个社会系统，与社会"共生"，主要是指企业要诚实守信，自觉遵守法律，懂得回馈社会，重视环境保护等。

王泽应认为，从更广义、更广泛的角度来看，企业的道德责任既包括经济责任、法律责任、精神文化责任，也包括与企业伦理建设紧密联系的各种责任。

虽然各学者对于"企业道德责任"这一概念的认识都不尽相同，但对于企业道德责任基本内涵的认识和理解，都是围绕着它所构建的企业社会责任之间的关系来看待的。有些学者普遍认为企业对于社会责任的承担仅可依托于企业经营管理者的良知，只能通过道德精神层面上的约束来让企业承担除企业盈利以外的、更高层次的社会责任。因为道德责任本身极难被定义和划定范围，因此就无法被约束，也不易追究责任，换言之，这些学者在实质上也否认企业需要承担追求利润以外的其他特定社会责任。此种理论产生的源动力在于随着生产的社会化和19世纪以来自由市场经济向社会市场经济的转变，市场主体的规模随着社会化的发展逐步扩大，从而使企业的利润也不断增长；但与此同时，因市场活动而导致的社会问题随之而来，如大规模的环境污染、劳动争议问题恶化、消费者权益保障缺失、企业信用危机等问题日益显现，因此社会对于市场主体的道德指责也随之而来，但是他们仍否认企业需要承担利益最大化以外的其他特定的社会责任。总而言之，企业社会责任道德说学者依旧认为企业可以仅凭自愿原则承担盈利之外的更高层次的社会责任，而非强制承担。

从国外的研究来看，哥伦比亚大学法学教授乔尔·巴肯（Joel Bakan）同样持"企业社会责任来源于慈善事业，并在很多场合下被认为等同于慈善事业"的观点。从我国的研究来看，部分学者坚持企业社会责任从其本质上来看是一种道德责任的观点。例如，有学者认为"企业社会责任归根到底还是一种道德责任""企业社会责任的本质是道德责任"，尽管从诸如通过立法规范企业社会责任等方面来看，现阶段的相关理论研究更偏重于法律层面，但仍无法改变这一本质特点。

然而，如果单纯地把企业的社会责任界定为道德责任，由于它无法用制度来约束，因此它只是一个空洞的口号，没有任何实际的价值。要担负这种单纯道德层面的责任，就必须要有行业的自律精神，也就是经营者的良心意识，并且在社会舆论的压力下才能实现，但这种实现机制的可行性和可持续性都处于不确定状态，企业社会责任的承担就像无根之萍一样没有足够稳固的基础。正如蒋建湘教授所说，企业的社会责任都是从道德需求开始的，但这并不是终点。

（四）法律责任说

企业的法律责任是指企业依法享有权利的同时必须承担法律规定的责任。遵守国家法律法规，在法律的框架内活动，依法治企，维护国家法律的权威等都是企业的法律责任。社会准许企业从事经营活动就必然制定相应的基本规则，同时法律也要求企业在法律允许的范围内活动。法律是保障行为主体的权利、约束行为主体的责任或义务的强制性规范，依照权利和责任相对应的原则，企业想要享受法律保障的权利就必须履行法律规定的责任或义务。企业要想保障自己的权利就必须遵守法律法规，依法治企，维护法律的权威，履行应当履行的责任。

认同法律责任说的学者们主张通过法律、法规来明确规定公司的企业社会责任，并通过国家的强制手段来保障企业社会责任的实现。例如，美国经济发展委员会把公司的企业社会责任划分为两种类型：自愿的和不情愿的，并且认为可以用法律的强制手段来限制那些不愿主动承担企业社会责任的公司。

企业社会责任是否为法律责任的标志就在于其是否直接体现在法律规定中。例如，美国宾夕法尼亚州立法要求董事在维护企业的最佳利益时，需要顾及股东以外的其他人的利益；康涅狄克州的《普通公司法》就明确要求企业必须保护利益相关者的利益，除此之外，该法中还给予了董事损失赔偿豁免权，即原则上利益主体在其利益受损时可要求公司赔偿，但在董事有证据证明其做出的经营决策系有益于企业利益相关者的情况下，董事可不必承担赔偿股东和企业利益损失的责任。相较于美国，我国在体现企业社会责任的法律属性时更加直接，将"公司应当承担社会责任"明确写入法律条文中。尽管单就该法条自身来看，仅为一条宣言规定，但能够反映出我国在落实企业社会责任方面所进行的尝试和突破。

我国学者提出企业的负面影响需要国家的介入，使之重回良性发展的轨道。但事实上，把企业社会责任完全彻底的强制化会增加企业追求其自身经济发展的额外负担，直接损害企业及股东利益，进而间接制约社会经济的发展。因此，讨论企业社会责任法律属性时，应尽可能明确其范围和边界，避免一概而论，以免企业社会责任过于泛滥地上升为法律责任。

根据与法律的三个不同层面的关系，巴内特（Barnet）教授把企业社会责任划分为三个层面：第一，"超越法律"的企业社会责任（corporate social responsibility beyond law），即除法律责任之外的更高层次的一部分道德伦理责任，是企业对社会公共价值和期望所做出的更高程度的回应。第二，"通过法律"实现的企业社会责任（corporate social responsibility through law），即通过"硬约束"

方式来保护最基本的社会秩序，主要是从法律层面强制要求企业遵守法律、不得对社会公众造成危害，如不履行这部分义务则会承担相应的法律责任。第三，"支持法律"的企业社会责任（corporate social responsibility for law），该种可被理解为不通过法律强制约束的责任，即软法责任，仅是一种倡导和指引，多指行业公约、企业准则等，不具有法律强制力。

我国周林彬教授认为，企业社会责任体现的是企业对社会伦理期望的回应，而非简单的违反法律规定就需要承担法律上的不利后果。其承载着一名"社会良好公民"推动社会进步的行为，是企业追求未来发展之最佳表现，更展现了企业与社会应有的价值关系。"超越法律"的企业社会责任讲的是那些符合社会价值和期望，但又在法律强制性规定范畴之外的责任，确认这种责任的法律规范实为"软法"，当然"超越法律"的这种企业社会责任还需多种不同的机制予以共同推动，而法律则是其中的一种重要力量。

有学者认为这种软约束在法律责任和道德责任之间起到了承上启下的过渡作用，既能有助于体现实质正义，又能契合社会和谐发展的期盼。但是也不能将企业社会责任一味划归于"软法"范畴，因为诸如自然资源及环境保护、消费者权益保护、劳动争议等问题均运用"软法"规制，恐怕无法起到警示与制裁的作用，不利于社会的和谐与可持续发展。

（五）环境责任说

企业环境责任也可分为内在和外在两个层面，这就意味着企业具有内在环境责任和外在环境责任。

企业内在的环境责任也是企业首要遵循的环境责任，也可称为企业第一环境责任，重点是指企业承担对大自然的直接的维护责任。企业从大自然中获取各种能源、资源等用于其工业化的生产经营，但是企业在进行工业化生产的同时，必然会产生废弃物，因此企业需要合理、正确地处置这些污染废弃物并达到无害的标准之后才能进行排放。企业在其生产经营中应积极改进生产方式、引进先进设备，以达到清洁化生产模式的标准。企业对自己内在环境责任的有效履行有助于减少企业生产活动对生态环境的污染，并且企业在生产、交换、消费等各个阶段都应该自觉地保护自然环境。

企业外在的环境责任主要是指企业除了作为一个经济实体，还具有自然人的属性。企业外在的环境责任是企业的第二环境责任，也就是企业开发和使用生态资源的过程中应该考虑到社会整体效益的最大化。企业拥有对自然资源的开发、使用权，并且可以利用资源等条件创造经济效益，但这并不是企业的唯一价值目标，作为真正面向社会、具有社会责任感的企业应当考虑社会的稳定、长远发展。

可以说，企业承担其第一环境责任仅能表明企业有了基本环境保护意识，企业对第二环境责任的承担才能表明企业具有了社会责任意识，第二环境责任比第一环境责任层次要求更高，对企业的环境行为要求也有所提高。总而言之，企业首先需要履行其内在环境责任，还要在此基础上承担其外在的环境责任，两者缺一不可。

在我国企业的发展中，可以发现很多企业都在逐渐增强对环境责任的重视。企业履行环境责任的内容坚持以"保护环境、节能减排"为核心，但是对"绿色发展、绿色制造"关注度极低。随着国家相关政策的陆续颁布，如《工业绿色发展规划（2016—2020 年）》以及《工业和信息化部办公厅关于开展绿色制造体系建设的通知》提出要实施绿色制造工程、加快推进绿色制造、尽早形成绿色制造体系，于是企业履行环境责任逐步演化为以"绿色"为核心，坚持"绿色环保、绿色产品、绿色发展"，从而基本形成了贯穿整个制造生产流程的绿色体系；目前还新增了"绿色发展理念"，只是在企业社会责任报告中提及频次较低。由此可见，近年来企业在履行环境责任方面始终履行环境保护、节能减排、达标排放等基本责任，随着绿色制造工程的不断推进，企业对环境的新增责任包括建立绿色工厂、实施绿色办公、进行绿色制造等与"绿色"相关的责任。

（六）慈善责任说

企业的慈善责任是指企业根据一定的社会价值观和社会期望自愿承担的责任。自觉关心社会弱势群体、参与社会公益事业、协助慈善机构以解决社会成员的苦难都是企业慈善责任的主要内容。

企业的慈善责任是企业自由决定的责任，之所以提出这一责任是因为两个原因：一是从企业的角度考虑，企业的品行是通过企业的慈善活动体现出来的，企业从事慈善活动可以树立企业的良好形象，在社会成员中能获得好的评价，也可以在同行中树立威信，有利于扩大企业的市场占有率，提高企业的竞争力。捐款数额越大的企业，其竞争力越强是普遍的规律。例如，比尔·盖茨经常会进行慈善捐赠，从而增强了其企业竞争力，而且他的社会影响力也不断增强。二是从社会的客观弱点和社会公众的期望来考虑。到目前为止，不论是世界上实力最强大的美国，还是亚非拉某些落后国家，都存在因社会的某些客观弱点的侵害而造成的社会弱势群体。这些弱势群体需要人们的关怀，人类也有必要关心自己的同类，否则人就不能称之为人了。例如，自然灾害造成某些国家大量的人无家可归、一无所有，生存的问题都无法解决。任何社会组织都不会对这样的灾难袖手旁观。作为经济组织的企业更应该首先负起慈善责任，和其他社会组织及成员共同建设人类的家园，使我们的同类享受美好的生活。

（七）综合责任说

综合责任说学者认为，企业社会责任是包含上述各类责任几个或者全部混合的责任，其中以美国企业社会责任专家阿尔奇·卡罗尔教授为代表，他提出了"企业社会责任金字塔模型"，即将企业社会责任划分成四层。

第一层为经济责任，经济责任乃企业务必履行的最基本的责任，位于金字塔最底层。

第二层为法律责任，企业在其经营管理的过程中，必须确保其所有行为均在法律的框架内运作。

第三层为伦理责任，伦理责任可界定还未能体现在法律条文之中的、为全体社会成员所期望或排斥的活动、做法。

第四层为慈善责任，这部分企业责任完全依赖于企业的自愿和自由，虽也反映了公众对于企业的期待，但不同于伦理责任。企业如果违背了伦理责任虽不会受到法律的制裁，但也会遭受到舆论的谴责；而企业若未尽到慈善责任则不会受到舆论的谴责，因慈善本就是对于企业设立本质的挑战，是过于苛责的要求。因综合责任论能更加全面和客观地反映企业社会责任的多层次性的本质，所以被国内许多学者所支持。

有些学者对于"卡罗尔金字塔模型"体系持有不同的看法。首先，"卡罗尔金字塔模型"将企业社会责任与企业责任本身直接画了等号，把经济责任也归入企业社会责任中，这与其观点相悖。其次，他们认为，企业社会责任的责任内容依照是否具有强行性可以大致地分为强制责任内容和非强制性责任内容，其中前者是法律义务中可能引致法律责任的义务内容，是对严重危害社会公共利益的行为的禁止和制裁，需要通过国家强制力保护得以落实；而后者包括非法律义务，即不需要通过国家强制力就可得以实现的义务内容，企业经营管理者基于其良知自觉履行的义务内容以及虽为法律义务但是不会引致法律责任的义务内容即法律中的倡导性或是宣誓性条款。

因此可见，法律责任并不完全如"卡罗尔金字塔模型"中所展示的一定居于经济责任之后，那些国家法律法规所明令禁止实施的行为在效力等级上当然优先于经济责任,尽管企业享有自主经营权,但是自主经营行为必须在符合法律法规的前提下进行。虽然自由、公平和秩序价值都是法律追求的基本社会价值,但在某种自由价值的实现会对社会的公平与秩序造成威胁的情况下,就必须通过法律强制限制该种自由。例如,环境保护法严格限定了企业的污染物排放标准,企业不能因追求自身利益而实施无底线破坏环境的行为,否则将会处以行政处罚甚至承担刑事责任。

随着社会发展的需要,部分触碰社会底线的道德责任会逐渐演变为法律责任,除此之外,余下的纯道德责任和介于道德责任与法律责任的"软法"责任则会随着全球化经济的发展和社会诸多消极问题的暴露,逐步走进大众的视野,并成为社会关注的焦点。

第三节 企业社会责任的主要内容

一、企业对消费者的责任

美国总统肯尼迪率先提出消费者权益保护这一观点,由于1962年美国消费者权益受损现象十分严峻,因此肯尼迪所述的《总统关于消费者利益的白皮书》中对消费者基本权利进行了概述,关于消费者权益保护的立法和实践也被其他国家陆续提出。市场主要由三个部分构成,首先是企业与消费者,没有这两个群体,市场就不能成立;其次是政府,政府对市场有调控作用,而政府也是市场最大的保护伞,如果没有政府,市场就不能有序运行。消费者作为市场行为中最主要的部分,应当享有一定的权利,所以消费者的权利被明确写入法律,因此企业在经营过程中应该给消费者权利以足够的尊重。

消费者进行消费时,企业要保证消费者最基本的三项权利。第一,知情权。消费者有权了解自己所消费产品的相关信息,如产品的原料构成,产品具有什么功能,产品的价格、使用方式等,企业都必须在产品上进行详细描述。第二,安全保障权。无论企业出售什么产品,该产品都不能影响消费者的健康,也不能出售对消费者财产有危害的产品,如计算机、手机公司的产品不能在产品中设置程序,偷取消费者信息来进行财产转移。第三,自主选择权。消费者有自由选择是否购买产品的权利,企业不可以强买强卖。

二、企业对职工的责任

宪法规定公民的基本权利中包括劳动权，即公民在劳动的过程中，企业要尊重劳动者，并且维护其合法权益。劳动力是人类在从事生产活动过程中必不可少的一部分，可以说劳动者是每个企业最核心的资源，因为没有劳动者任何生产活动都是无法进行的，所以企业保护劳动者的合法权益其实也是在稳定自己的生存发展空间，劳动者与企业之间是相互影响的，企业不能凌驾于劳动者之上。

从平等保护的角度看，员工和企业的法律地位是一样的，因此不能有差别待遇。但在现实生活中，相对于劳动者来说，企业处于强势地位，所以要实现社会公正，就必须加强对劳动者的保护。总的来说，企业和劳动者的社会地位并不平等，所以他们拥有的资源也是不同的，如果法律不区别对待，就会造成结果上的不对等。因此，劳动者的利益是更加受到法律所重视的。

三、企业对环境和资源的责任

企业在进行经济活动的过程中，会消耗大量的能源，如生产活动要消耗能源和原料。但有些企业由于规模有限、生产技术相对落后、资产有限以及环保意识不强，会造成一定程度的环境污染。这些企业只追求经济利益，忽视了企业经济活动所造成的环境恶化和资源浪费等问题，从而严重影响了人类赖以生存的环境。有些企业的生产经营活动还会产生不利于人体健康的副作用，化学污染事故屡见不鲜，这些事故的爆发对人们的生活甚至生命造成了严重的威胁。环境问题已经成为近年来的热点话题，社会各界对于环境问题越来越重视，所以企业在未来发展过程中，需要将环境问题作为一项重点内容，在经济发展的同时重视环境的保护，这也是企业制定发展战略所依据的准则。

有学者认为，企业在追求经济效益的同时，需要加强对于环境的保护和改善，致力于经济效益和环保的双赢，从而推动企业的可持续、健康发展。正如前面所说，可以从两个方面界定企业的环境责任：首先是对内责任，企业在经营过程中，需要针对环境保护的实施配置相应的人力资源和资产资源，加强环保技术的引进和创新，严格遵守国家规定的排放标准，并不断进行技术的创新，致力于绿色产品的开发，加强对废旧产品的循环利用，从而提升经营活动的经济效益和环境效益。其次是对外责任，企业的经营活动需要符合法律制度的相关规定，如果企业在生产过程中产生的废弃物、噪声和环境污染指数超过了国家标准，企业需要承担相应的行政责任，如果情节严重则需要承担相应的刑事责任；如果企业因为环境污染超标而对人们的生活环境、人身安全、社会环境造成重大危害，则需要承担民事责任，这三种责任共同构成了企业的对外环境责任。

四、企业对社会公益的责任

企业在实现其经济责任，不断提高自身实力，向消费者提供更高品质的产品，给予股东更丰厚的回报，为员工提供更好的福利待遇，确保企业可持续发展的同时，能够积极投入社会环境、西部开发、教育、扶贫脱贫等公益活动，从而为社会创造更多的价值，这也是企业社会责任的最高层次的表现。这是企业在其力所能及的范围内，为回馈社会所做的公益活动。法律法规对于企业的社会公益责任并未进行强制规定，因此企业具有选择的权利，可以根据自身情况承担一定的社会公益责任，其方式方法也可以进行选择。例如，给那些贫困山区、孤儿院、农村小学捐赠衣服、书籍，帮助下岗职工重新找工作，给他们提供医疗、生活帮助。此时，企业参与公益活动的动机并不重要，无论是为了自己的利益，还是为了他人的利益，最主要的是都会为企业带来一定的效益。企业承担社会责任不仅为社会做贡献，对社会有好处，而且对企业的发展也有很大的推动作用。企业参与公益活动，提升自己的知名度，获得大众的认同与满意，是提升企业社会形象的一种无形资产。因此，在某种意义上，企业的社会责任能够推动企业的可持续发展，从而为企业创造可观的经济效益。

第四节　企业社会责任的法律定位

一、企业社会责任的法律内涵及问题

（一）企业社会责任的法律内涵

伴随市场经济形势的不断发展，企业在世界经济大舞台上所扮演的角色变得愈发举足轻重，不断扩大的规模和影响力使企业成为市场经济中的"航空母舰"，承载着与日俱增、各不相同的利益群体，形成了纷繁复杂的利益链条。如果没有足够的力量引导这艘经济航母的航向，诸多依附其上的利益相关者的利益必将随时面临沉入经济大海的危机。因此，出于维护市场根本秩序稳定的目的，包括我国在内的多个国家的立法者选择将企业社会责任纳入广义的法律调整范畴中。同时，我国的企业社会责任立法可谓走在世界前端，直接将承担社会责任上升到国家强制法律层面，此后各个领域关于企业承担社会责任的规定接踵而至。企业社会责任思想这个舶来品在中国似乎并没有明显的"水土不服"症状,在很短的时间里就解决了企业社会责任能否法律化这一难题,肯定了企业社会责任可以被法律化的观点。现在,探究企业是否需要承担社会责任的问题早已成为过去式,而需要解决的是具体承担什么和怎样承担的问题。

(二)企业社会责任的法律问题

1. 立法规定原则化且分散

目前,所有对企业社会责任的规定都只停留在"涉及内容本身",而缺乏进一步实施措施以及违反相应条款后的法律后果。司法实践中在涉及企业社会责任问题时大多无据可靠,导致法官极少从企业社会责任的角度出发来说理论证。《中华人民共和国公司法》(以下简称《公司法》)第五条对企业社会责任已有原则规定,但是并未清晰表述其内涵和外延,甚至从修订至今在其立法意图和目标上仍存在争议:其究竟是对企业经营产生的负面行为的约束还是利益相关者为维护自身权益与企业及股东抗衡的工具;抑或只是为企业经营提供价值方向的引导,不具有强行性与裁判性。同时《公司法》第五条法条属性也不明确。该法条的表述属于强制性规范还是倡导性原则,是否具有可实践性,是否能够发挥填补法律漏洞的作用都存在争议。因企业社会责任的性质尚存诸多争议,该条款是否具有强行法的效力尚且无法准确判断,因此势必在实际适用时出现无法拿捏和模棱两可的情况。除《公司法》以外,其他部门法,如《中华人民共和国食品安全法》《中华人民共和国产品质量法》《中华人民共和国劳动合同法》等,虽然有关于企业社会责任的规范,但是条文表述相对简要,且均没有对于未承担企业社会责任的后果给出明确的惩戒规定,如此便意味着违反企业社会责任原则性条款的成本较低,不具有约束和警示的作用。有学者研究表示在国家已经公布的20多部环保法律中,含授权性规范的共计140多条,而目前制定出来的配套行政法规尚不足百部,对授权性规范的完成率不足70%。

2. 立法规定缺乏层次性

我国企业社会责任的法律化现状面临的第二大疑难问题即为法律、法规等规范在适用到执行之间存在诸多矛盾和盲区。例如,我国《食品安全法》中虽明确规定对企业发展负有共同管理、监控之义务的各机关之间应相互协调,但现实是无论立法如何修改和完善,在政府管理中所形成的分段监管模式都无法规避其交界处存在的盲区,任何紧密的管理链条都无法实现百分之百严密的监管,于是重大食品安全事件，如"三鹿"三聚氰胺事件、瘦肉精事件、苏丹红鸭蛋事件、地沟油事件等仍旧无法在前期得到有效的监控。同时法律条文的内部矛盾使得企业社会责任无法有效地获得法律强制力保障。例如，有些部门规章虽然规定比较严格，但因其效力低，适用范围窄，且通常局限于其部门利益，因此在无法寻求统一标准的前提下，就只能适用界别高但原则性强的法律规范。有学者也指出各部门法仅着眼于调整的特定的社会关系，而对企业全方位承担其社会责任、义务的监管和制约缺少互动。法律、法规的内部冲突是由立法机关创造出的漏洞，也给予了企业逃避承担社会责任的空隙，甚至对于规范企业履行社会责任从根本上就无章可循。

3. 法律制度制定主体单一

践行企业社会责任是一个综合性过程，企业、政府和社会其他成员构成企业社会责任立法体系的主体，缺一不可。而在我国现有的立法体系中，社会团体、非政府组织、公民都被排除在了企业社会责任立法博弈之外。从一定程度上来说，企业单纯只是承担责任的主体，而没有机会参与始终由政府主导的企业社会责任具体内容的确定过程中。在立法过程中，政府是否能保证其权力不会触碰企业生存的底线，权力行使的尺度又有何制约标准也理应成为我们认真思考的问题之一。

4. 各制度协同性不足

有学者指出企业社会责任是一个社会系统工程，涉及包括法律、经济、社会、文化在内的诸多领域，远非一部《公司法》所能囊括的。法律永远只是调整社会关系的手段之一，具体到企业社会责任的法律化落实上，目前我国现有的企业社会责任宣誓性制度尚需与政府指引手段、社会监督力量以及企业自身自律等多种机制有机结合，彼此之间产生"化学"作用，才能反应得出有效的"企业社会责任"产物。

综上所述，企业社会责任的法律化并非属于我国制度之内的生产物，包括理论认知乃至实践发展都存在较为驳杂的现象，所以我国现有企业社会责任的立法仅是将与企业社会责任相关的法律条款组合在一起，严格意义上讲并不能称之为一个完备的"体系"。虽然我国目前已设立了一部分企业社会责任规范，企业社会责任的法律化雏形已经形成，但是因为立法过于分散导致现有的法律规范无法为企业社会责任实践提供可行的制度支撑，法律制度之间难以形成链条相互支持，因此经受不住实践的考验，进而使企业陷入想要履行企业社会责任却无章可循的地步。总而言之，我国企业社会责任的法律化尚未形成体系，在探讨企业社会责任实现机制时应把重心放在建构法律化体系之上。

二、企业社会责任的法律定位

（一）法律与道德责任的统一体

企业社会责任是一种手段，而不是目的。它是通过政府法律、民间组织的自愿性标准等途径，来解决企业与社会之间的诸多问题的。它并不独立存在，也不是一个严格的法学概念，而是法律责任和道德责任的统一。

企业社会责任包含法律责任和道德责任。法律责任是国家通过法律、行政法规明文规定，明确企业若违法则必须强制承担的责任，是维护社会利益的最低限度道德水平的法律要求。道德责任是未经国家法律规定的，由企业为更好维护社会利益而自愿履行的不具强制要求的义务。前者是企业的硬约束，后者是企业的软约束。一般来说，后者的标准水平要高于前者。

法律责任与道德责任调整的社会关系领域不同，各属于不同范畴，但它们在内在统一性、目的和共同基础上却是一致的。它们的调整内容都是围绕权利和义务内容，两者的关系是相互渗透、相互转化、相辅相成的。对于法律规定的企业需承担的社会责任，如未完成则受到法律的惩罚；对于未经法律规定的企业需承担的社会责任，也就是道德责任，如未完成则受到社会舆论的谴责和公众的压力。

法律具有刚性和概括性的自身秉性，无法全部涵括企业社会责任的所有内容，道德准则所具备的软性特性可以完善法律难以明确或未包含的内容和要求，作为道德性层面对企业社会责任提出要求，两者相互融合、补充，相辅相成，以形成共同的推力来全面推动企业社会责任运动的发展。

（二）法律责任是企业社会责任的核心

法律功能体现一种法与社会的关系，它是基于法律结构属性而与社会发生关系的状态，表明了法律对社会的一种适应性。法律功能表现为对行为本身的激励和对行为背后利益的调控。

通过契约，企业综合了一系列显性和隐性的利益相关者。在这其中，各利益主体之间的冲突和矛盾发展到一定程度时，就会由法律对利益进行合理分配和确定，通过法律的平衡，使得企业利润最大化向承担社会责任转变，并使得利益保障机制多元化。

同时，我们也意识到，企业社会责任也具有道德属性，这并不是说由企业自发地去承担社会责任，而不接受法律的强制性规范要求。特别是在我国现实国情中，生产安全、产品安全、环境破坏和资源滥用等社会问题频繁出现，一方面是因为企业社会责任意识的缺乏，另一方面是因为法治建设不完善和司法执行不到位。如果只是通过道德层面的呼吁和倡导，而没有法律的强制性规范和严格的责任追究制度，企业社会责任的实现就难以得到保障。因此，企业社会责任的核心就是法律责任，其能否得以有效实现的关键是法律的保障力度。社会要求企业承担基本责任，在一定程度上来说，就必须通过法律的形式得以保证，才能使企业在追求利润最大化的同时，也承担其必须承担的社会责任。

法律责任指的是不同的行为主体因违反强制性法律规定而承担的责任。因此，要使我国的社会责任法制化，就必须通过立法来明确其应负的义务和责任。从不同国家的立法渊源与实践来看，许多国家的公司法和商法典都对社会责任有不同的认识以及相应的论述。最早的代表是德国股份公司法，该法律规定了股东、雇员和社会大众等都是企业追求的利益主体。

不仅仅是公司法和商法典，我们还可以通过其他法律条文明确其他方面的规范性约束，从而从多方面构建和完善相关法律体系。例如，英国1986年的破产法就提出这样的观点，如果企业经营者已经知道或应当知道企业财务状况恶化的情况，甚至面临破产清算，却没有主动采取相应措施以尽可能减少债权人的损失或潜在损失，而是继续组织企业行为，让这种经营状况持续所开展的交易称为"不当交易"；在这样的前提下，债权人有权向法院提起诉讼，要求股东对这些"不当交易"产生的损失负责。这些规定主要是为了保护债权人的合法权益。我们从债权人这个角度可以延伸为员工、消费者及其他可能存在利益相关的对象，这也为我们对企业履行社会责任法律化提供了坚实的依据。在我国的《公司法》中，为体现企业的社会责任，也提出了一些强制性的要求。例如，在监事会中应不少于1/3的席位是来自职工代表，国有独资公司中应有职工代表担任董事会成员，这加强了公司监事会的管辖范围和力度，强化了其作用。其实这些是为了保护职工利益、社会利益等而对企业进行的强制性的法规要求。

第五节　企业承担社会责任的必要性

承担社会责任作为企业发展业务的关键要素，与企业高质量发展息息相关，并且理论上社会责任的承担会影响企业高质量的发展。企业履行社会责任的目的在于保护和提高企业声誉，企业履行社会责任形成的声誉资本和道德资本最终为企业提供"类似保险"的作用，降低企业风险，而注重声誉的企业通常会约束自身的信息操纵行为，注重提高信息质量。综合而言，企业社会责任的承担代表着利益相关者利益至上，能够提高企业声誉和降低企业风险。

一、有助于降低企业运营成本

虽然从短期上来看，履行企业社会责任意味着会占用一部分的现有资源，提升了生产经营管理的显性成本。但从长远来看，由于各利益相关者和企业存在着基于法律或道德的契约关系，这种契约关系会制约企业自身的经营管理活动。这使得企业在面临不履行契约的情形下可能会承担更多的不确定性风险，如供应商终止合作、消费者法律投诉、员工劳动仲裁、政府行政处罚等。由于在绝大多数情况下大众对负面新闻的敏感度要远强于正面新闻，当此类负面影响的信号传递给外界后，不履行企业社会责任所造成的隐性成本损失极有可能高于承担社会责任所带来的显性成本。相反，对于积极承担社会责任的企业来说，由于企业给予股东及供应商的良好企业形象，往往更易拥有完整、健康的生产供应链关系与互助信任的交易机制。这二者的存在能够在一定程度上缓解企业生产经营过程中的逆向选择，这种情况在一定程度上来说可以降低企业的运营成本，从而提升财务绩效水平。

二、有助于提升员工的积极性

企业社会责任不一致会给员工带来一系列负面影响的情况引起众多学者的关注。企业社会责任不一致是指企业在履行外部企业社会责任（External Corporate Social Responsibility, ECSR）和内部企业社会责任（Internal Corporate Social Responsibility, ICSR）之间的资源分配水平存在顾此失彼的现象，具体表现为 ECSR > ICSR 和 ICSR > ECSR 两种情况。法鲁克塔尔（Farooqetal）认为 ECSR 是指组织参与促进外部利益相关者（包括供应商、消费者、政府、社区、环境）福利的社会责任实践，而 ICSR 指的是组织参与员工切身利益相关的政策和实践。例如，安全的工作环境、公平的薪资报酬等体现了组织对员工的关心、重视和支持。根据社会信息加工理论，个体所处的组织情境是一种重要的社会信息源，个体通过解读组织情境提供的线索调整自我认知和行为。企业社会责任不一致传递了组织差异化对待内外部利益相关者的信息，员工对其进行信息加工和解读，这将会影响到员工的工作情绪和精力投入。

工作激情是个体愿意在工作中投入时间和精力的强烈倾向，包括和谐式工作激情与强迫式工作激情两个维度。目前，国内外学者从工作激情的影响因素和影响结果两个视角展开探讨。研究发现，领导风格（例如，服务型、真我型领导）、工作特征（例如，通勤恢复活动）、个人特征（例如，自尊心、性格）等能够显著正向预测工作激情，工作激情能够增加员工的工作满意度、创造力、工作绩效等。根据社会信息加工理论，ECSR > ICSR 和 ICSR > ECSR 分别传递了不同的组织价值观以及组织区别对待内外部利益相关者的信息，员工对这些信息进行加工和解读，随后对组织做出不同的反应。首先，企业承担 ECSR，如参与慈善捐赠、投资社区发展、实施消费者关爱计划等，有助于增加企业的外部声望和企业形象。但是，员工期望企业在履行 ECSR 的同时也关心他们的福利和发展。然而，面对内外部利益相关者对资源的竞争，企业出于战略目的更倾向优先满足外部利益相关者的需求，甚至通过损害员工的福利、发展机会、工作环境来抵消 ECSR 的成本。基于此，ECSR > ICSR 会威胁员工的利益，并引发员工的愤怒、不满情绪，进而导致员工工作兴趣和激情的下降。其次，ECSR > ICSR 会削弱内部利益相关者的公平感。由于员工的价值取向通常是自我关注，只有在保障自身利益的前提下，才会关注他人的利益。而 ECSR > ICSR 没有优先保障员工个人利益，降低了员工的公平感、自尊感和归属感，而且从一定程度上来说员工认为自己没有外部利益相关者对组织发展更重要，从而主动减少在工作中的时间和精力投入。最后，ECSR > ICSR 使员工质疑企业树立起来的道德形象，作为组织成员，员工难以从较少的 ICSR 实践中获得道德认同感，体验不到工作的意义，从而难以产生强烈的内在工作动机和意愿。

三、有助于企业获得政治合法性

在我国，由于政府是企业社会责任的强烈倡导者，参与企业社会责任有助于企业获得政治合法性。政治合法性是由国家认可，根据当地政治价值观所定义的公司的适当性和可取性而授予的。如果政府职员认为一家企业的经营活动是合法且有益的，该企业就会获得高政治合法性，从而减少开展商业活动的阻力。因此，它可以帮助公司获得政府的支持和政府控制的资源。实证研究表明，企业社会责任活动有助于企业获得政府补贴，获得这种支持和资源对企业来说很重要。在我国，政府是国民经济和企业部门中最重要和最强大的参与者，尽管经过多年的经济改革，但是政府对土地、财政补贴、税收减免等稀缺资源仍保持严格的控制。如果企业获得政治合法性，就更容易获得这些稀缺资源，使企业在市场上获得竞争优势,从而有助于提高财务业绩。此外,与国有企业相比,非国有企业比国有企业更需要政治合法性,这也使企业社会责任的参与更有商业价值。国有企业与政府有着内在的联系,能够更容易获得政治合法性和政府控制的资源。相比之下,私营企业正在不断面临意识形态审核以及更严格的经济环境和其他挑战,这促使它们必须利用企业社会责任来获得政治合法性和政府控制资源。因此,与国有企业相比,非国有企业从企业社会责任中获益更多。我国作为以社会主义市场经济体制为主的国家,政府政策对企业的影响至关重要,不仅影响企业的"实物价值链",而且影响信息世界中的"虚拟价值链",最终对企业绩效产生重要影响。企业承担对政府的社会责任,如积极履行纳税等义务,可以使政府有更充足的资金用于社会建设,为企业经营创造更好的社会环境,还能维护企业与政府的关系,使企业能更好地获得国家各级政府的支持,进而促进企业财务绩效的提升。

四、有助于为企业提供丰富的无形资源

无形资源是与传统有形资源相对的不易被竞争对手了解或模仿的资产。在新时代背景下,高度信息化使得资源获取渠道增多、效率增强,传统有形资源的可得性越来越高而稀缺性则越来越低。无形资源中诸如创新资源正逐渐成为能够对财务绩效水平带来提升的优质资源。而获取无形资源的渠道不仅仅来源于股东、员工等企业内部利益相关者,供应商、社会、环境等外部利益相关者也能够给企业提供,如生产销售渠道、政府扶持政策等企业赖以生存的无形资源。而履行企业社会责任则是各利益相关者提供持续可靠的无形资源供应的重要充分条件之一。另外,从资源的稀缺性角度来看,更需要企业与各利益相关者保持友好的互动关系,从而保障企业获取广泛优质的可得性资源。因此,履行企业社会责任不仅能改善和维持企业与各利益相关者的良好互动关系,而且还能为企业注入无形资源,从而提高财务绩效。在供应链中,企业的上下游都会对企业发展产生影响。作为企业上游的供应商,与企业进行交易时,可能会收取一定数量的押金或费用,若企业承担了良好的社会责任,从声誉或成长性等方面体现出的优势会得到供应商的认可,增加其对企业的信任度,从而可以在押金或费用等方面获得优惠,降低交易成本。

五、有助于提升企业的社会声誉

随着企业有效地履行社会责任,企业信息的披露可以将其看作对各利益相关者的一种积极信号传递。而这种信号传递的接收者(各利益相关者)是能够进行

信号的感知评估和反馈的。股东及投资者接收到该类信号后，将坚定自己的投资信心，加大投资力度；供应商接收到该类信号后，有利于维持企业的供应关系，加大与企业的合作力度；消费者接收到该类信号后，会提升对企业及其品牌的好感度，这样可以让企业在保留老顾客的同时还能吸引潜在消费者；社会与环境虽然对该类信号的敏感度相对较低，但拥有更多的受众群体，有利于企业获得长久的良好社会声誉，获取政府的财政支持与合作。不难看出，各利益相关者在接收到相应的正面信息的传递后，均能通过提升企业的社会声誉来获取不同利益相关者的支持，进而达到提升财务绩效的目的。

六、有助于提高企业的竞争力

企业履行社会责任也能提高企业竞争力，具体来看，战略性社会责任作为企业自身的一种战略行为，能够影响到供应商、客户、消费者的态度，产生良好的声誉效应，通过与相关利益方建立牢固可靠的合作关系，帮助企业积累人力资源、社会资本，进一步提高自身竞争力；而出于利他动机的社会责任履行，虽然会导致公司消耗内部资源、费用成本增加的情况发生，看似不能为企业带来直接的经济效益流入，但在一定程度上能够减少相关政府部门的强制干预和监督，同时帮助企业积累正面声誉，赢得道德资本，进而形成有力的竞争优势。

第二章 企业社会责任的历史与现状

无论是从企业生存发展还是从政府部门要求还是社会需求的角度，企业履行社会责任在近年来愈发得到关注和重视。对企业社会责任历史与现状进行梳理，有助于企业社会责任实现更好的发展。本章分为企业社会责任的发展历史、企业社会责任的现状、企业公司法实践中存在的问题三部分，主要包括我国企业社会责任发展背景、企业社会责任建设取得的成绩、企业社会责任成本管理现状、企业社会责任政策体系现状、国有企业社会责任的现状、民营企业社会责任的现状、外资企业社会责任的现状、我国企业合规制度存在缺陷、股东知情权法律保护存在缺陷、控制股东义务规定功能存在局限等内容。

第一节 企业社会责任的发展历史

一、企业社会责任的发展背景

我国自古以来都有着经营传统，拥有着独特的经营道德，如"以德服人""君子爱财，取之有道"的观念都体现了我国讲究用道德和经验去经营。并且我国传统的晋商、徽商等商帮都有着独特的经营理念。这些都表明了我国传统以来具有一定的经营道德，但是在当代我国建立起相对规范并且有现代意义的理念还是非常具有挑战性。

在结束了漫长的封建主义之后，我国进行了一系列的经济探索。在改革开放之后，生产力得到了解放，人们开始追求经济利益，但由于过于盲目，从而导致了一系列的负面效应，这个时期企业将经济效益作为企业发展的唯一目标。随着改革开放程度的加深，外资企业进入我国，我国开始从单一的公有制企业变成多种所有制企业共同发展的局面，我国的社会责任也由不同性质的企业共同承担。相比较于国有企业和外资企业，民营企业在我国数量众多，占据我国经济的50%以上，而民营企业中不乏中小企业，中小企业缺乏自身的管理及具有外部经济的特征，导致了经济生产的价值远远低于带来的外部不经济效益的成本。除此之外，中小企业还存在着生产经营和自身账目管理等多种问题。有人指出，中国历史发展处在一个非常重要的关键期，确保经济发展的同时还要保证经济持续增长，而这离不开企业社会责任的发展，只有这样才能够保证企业与社会的良性发展。

与其他国家企业社会责任的提出原因一样，我国提出的起因也是由于外部压力。随着经济发展和改革开放发展的步伐越来越快，我国在 2001 年加入了WTO，并且打开了国家的大门，与国外的企业展开了诸多交流。在这样的背景下，就要求我国企业履行国际上的一些标准，如履行跨国公司的"企业社会责任运动"以及 SA8000 相应的标准。如果我国不履行相应的标准，就会在国家的出口过程中遭遇诸多困难。因此，我国越来越多的企业为了防止这样的贸易壁垒而进行企业社会责任的变革，为了减少损失和提升国家形象，我国不得不开始正视企业社会责任研究的问题，由此逐步展开研究步伐。

二、企业社会责任的发展历程

借鉴殷格非等学者对改革开放之后的发展进行划分，把我国企业社会责任发展过程分为强化阶段、整合阶段和规范阶段。

（一）企业社会责任强化阶段

我国企业社会责任发展的第一个阶段是企业社会责任的强化阶段，这个阶段也是初始阶段。改革开放以后，我国正式发展市场经济，十二届三中全会发表的《中共中央关于经济体制改革的决定》使我国原有的计划经济体制改革有了天翻地覆的变化，企业开始成为独立的主体，并且在经济生活中有更多的参与，逐步构建了现代化的经济体制。但是与此同时，还伴随着很多时代的问题，由于经济发展起步较晚，这个时期企业一味地追求经济利益，忽略了对社会的影响，带来了很多负面效应。并且此时动荡的社会背景破除了传统商业伦理，导致了一些企业缺乏商业伦理，资本主义中的糟粕部分对企业管理造成了剧烈的冲击。因此，这个时期的经营存在着许多缺陷。

这一时期也有着相对显著的特征，其特征之一就是构建了许多企业法律责任体系。20 世纪 90 年代相继颁布了许多与企业相关的法律条文，确定了公司独立的法人地位，成了法律的承担主体。在这个过程中，我国相继发布了《中华人民共和国乡镇企业法》《中华人民共和国个人独资企业法》等一系列企业法律法规，为企业营造了良好的社会责任履行环境。但是，由于我国刚开始涉及企业社会责任的法律条文，对此的法律规定只是一个大致单位，并没有详细的法律条文对履行方面进行具体细分。

（二）企业社会责任整合阶段

21 世纪初，2000—2005 年是企业社会责任的整合阶段。这个时期由于经济已经进入了快速发展时期，我国抓住了第三次科技革命的机遇，以及入世以来对我国企业不断提升品质的要求，因此我国企业在这个过程中对社会责任不断思考，并在这一时期对企业社会责任的观念进行整合，以形成较为统一的理念。

1995 年以来，国家推进试点城市以便对企业的社会职能进行实践和探索，加快推进试点工作研究企业的社会角色，在这个过程中提出了企业要注重社会责任，注重周围的相关利益。这个时期对企业社会责任的探索，一方面是政府推动，另一方面是企业自身的觉醒。

在政府方面，我国经济进入腾飞阶段，政府要越来越关注可持续发展和国际影响等更多的方面，政府开始推动企业注重社会责任，关注员工、消费者和法律等更多应承担的责任。

在企业方面，由于进入国际市场，企业需要更多地了解国际市场的法律法规，要适应国际市场对企业所设定的标准，并且在这个时期，我国的企业和一些外资企业实力不断增强，越来越多的企业有实力通过履行社会责任来提升自己的市场地位。

在这个阶段中，2002 年发布的《上市公司治理准则》中规定，"上市公司应尊重银行及其他职工、消费者、供应商、交易伙伴、当地社区等利益相关者的合法权利"，主要是对现有的理念进行规范和整合，以便形成企业社会责任的共识。

（三）企业社会责任规范阶段

在殷格非等学者的界定下，2006 年为企业社会责任元年。在法律方面，2006 年《中华人民共和国公司法》（以下简称《公司法》）明确提出了企业社会责任这一概念，并对其进行了划分。在这个时期，我国企业开始逐步重视编纂可持续报告。2005 年以后，我国才进入了企业社会责任报告发展的腾飞阶段。2006 年，国家电网发布了第一份国内企业社会责任报告，并进行了相应的倡导，越来越多的企业随之而来进行企业报告的发布，同年有 18 家企业随之发布了报告。2019 年发表的企业社会责任报告的数量有 1690 份，而在十年前仅有 563 份，这一数据翻了三番，表明了我国对企业社会责任的重视愈加强烈。

第二节　企业社会责任的现状

一、企业社会责任取得的成绩

企业是市场活动中最为活跃的主体，随着时代的发展，我们国家的企业对社会责任的履行也在逐步地提升和加强，很多企业在发展中也逐渐地意识到承担社会责任的重要性，无论大小规模的企业，都纷纷积极投身于社会责任的践行中。

张维迎在《市场的逻辑》中明确地指出：如果一个人要得到幸福，那么其必须使得别人首先幸福起来，企业的发展也是如此，如果要使得自身能够发展好，那么就需要通过不断履行社会责任来提升自身的知名度。因此，以下从政治、经济、文化、社会、生态"五位一体"的角度，来分析当前中国企业在社会责任建设中取得的成绩。

（一）政治方面

建立社会主义市场经济体制是我国经济改革的目标，在大力发展经济的同时，我国的企业十分重视自身的政治建设。我国部分企业都有自己的党支部，对于党建工作，已经形成了制度化、常态化、规范化的体制，这对于构建社会主义和谐社会具有重要的意义。此外，企业中的党员干部在企业生产经营活动中和社会实践活动中也发挥着模范带头作用，在和谐社会建设中为非党员同志起到了很好的示范作用。随着我国改革的深入，企业党建在企业中越发重要，形式也更加灵活多变，政治思想工作也更加多样化、更具实效性。

（二）经济方面

企业是经济利益追求的主体，我国的 GDP 保持高速增长，成为世界第二大经济体，我国的企业功不可没。我国企业的利润总额从 42 151.5 亿元增长到 48 652.7 亿元仅花了 4 年时间，我国企业的不断发展壮大为我国的发展提供了巨大的经济保障，出色地完成了企业责任中的经济责任，随着供给侧结构性改革的理念逐步深入，企业的经济结构、产业结构也在发生着改变。

我国是制造大国，以劳动密集型为主的制造业虽然解决了大量人口的就业问题，促进了经济的飞速增长，但是始终难以摆脱"大而不强"的困境。当前我国众多企业不断进行产业升级、技术创新，由要素规模扩张转向创新驱动发展，我国企业在贡献 GDP 的同时，对经济产业转型也做出了巨大贡献，推进着供给侧结构性改革。

（三）文化方面

文以载道，文以化人，文化是灵魂、核心。早在 1988 年哈佛商学院就开始研究"企业文化对于企业发展业绩的影响"，事实上在我国数量庞大的企业中，企业文化的塑造无论是从微观还是宏观角度都对社会的发展进步起着重要的作用。从微观上来讲，好的企业经营理念无形中传播着行业的正能量，进而推动积极文化的传播。例如，以阿里巴巴和腾讯为代表的高科技公司的创新精神，以国家电网为代表的传统行业的自我革新精神，以海尔和美菱为代表的实体行业的工匠精神。

从更高的层面来看，代表中国品牌的企业在进行国际贸易与国际交往的过程中也在传播着中国文化，其辐射范围之广，影响层面之深，比单纯的对外宣传要来得更加实在。例如，在一带一路中，我国企业不仅积极帮扶当地政府和企业完成各类基础设施建设，同时也和当地政府及居民相处融洽，在发展经济的同时大力宣传我国的优秀传统文化。自从 2014 年建设"丝路书香"工程以来，我国出版业将我国图书以版权输出和合作出版的形式大力宣传新时期中国特色社会主义文化，推动民间与民间的正能量互动，不仅提升了我国的形象，更实现了从平面外交到立体外交，再到全民外交的转化。

（四）社会方面

我国企业积极参与扶贫助教、慈善捐助等社会公益事业；在遇到重大的社会经济问题的时刻，我国的企业总是挺身而出，为保障社会生产、生活做出了重要的贡献；同时积极促进就业，维护企业职工的合法权益。社会中存在多个主体，企业作为重要的主体之一，对于社会责任的承担，其收益主体是多元的。对于员工而言，正如马斯洛（Maslow）的五个需求层次一样，企业的稳定发展为员工提供了充分的就业保障，按时交纳社会保险解决了员工的后顾之忧，在经济上能够给予员工充分的保障；而畅通的晋升渠道、培训机会、发展平台则能够使员工实现全面自由发展。对于政府而言，企业在履行社会责任的过程中也能与政府一道双管齐下，如公益活动、科技进步、学研转化等，在一定程度上是政府践行社会责任的助推器。

（五）生态方面

党的十八大以来，提出将生态文明建设纳入"五位一体"的中国特色社会主义建设总体布局，而且鉴于当前资源环境问题对我国经济发展的约束，我国企业积极响应国家建设环境友好型、资源友好型社会的号召，通过战略规划、实施结构调整、加快技术创新等途径实现节能减耗和环境治理。从自然环境上来讲，合理地开发与利用，形成可持续发展产业链、生态链是企业在生产与经营过程中需要思考的未来发展方向；从人类宜居生态环境上来讲，城市让生活更美好，打造宜居的城市生态系统、水文植被系统能够让企业实现长久的可持续发展。

二、各类型企业社会责任的现状

（一）国有企业社会责任的现状

国有企业社会责任是国有企业对企业社会责任的履行，其涵盖内容可以用"一般企业社会责任＋国有企业特殊性＝国有企业社会责任"的等式来表达。尽管国有企业改革为其减轻了办社会职能的担子，但是国有企业仍然具有配合政府实现社会治理目标的义务，这也符合人们对于国有企业的期望。同时，国有企业在市场中占有举足轻重的地位。因此，有必要对国有企业社会责任做单独、专门的研究，以区别于西方市场经济下的一般企业社会责任。

1. 国有企业履行社会责任的必要性

（1）社会主义经济制度的本质要求

我国的经济制度决定了公有制的主体地位，即国有企业在我国经济中占有较重的权重，发挥着核心作用，是国家的经济命脉和立国之基，这就决定了国有企业的独特性质，赋予了国有企业特殊的使命，这种特殊性使得国有企业不同于一般的外资企业与民营企业，在生产经营活动中除了要追求经济效益，更多的是需要关注企业的社会责任。在计划经济时代，国有企业承担广泛的社会职能，是政府实现社会治理的有力助手，经过历次国有企业改革，虽然企业极大程度上回归了其经济组织的属性，但仍不能忽略其国家所有的身份地位；进入社会主义新时代，国家间的竞争日趋激烈，国有企业此时应该承担起提升我国综合竞争力、推动我国伟大复兴的社会责任，这也是其国有属性的本质要求。

（2）政府实施宏观调控的有效手段

国有企业由政府出资建立，因此国有企业归于国家所有，而两者的密切关系不仅体现于此，还在于政府官员与企业高管的交叉任职，以及国有企业为政府提供各种资源。政府与国有企业的这种密切关系，即使经过国有企业改革仍然是一个不争的事实。如果一个国有企业为当地创造的利税足以构成当地政府财政收入的重要组成部分，那么政府往往会对该企业施加相当的影响力，在人事、资金、规划等方面进行支配。当前，无论一个国家采取什么样的社会体制，企业都是政府对社会进行治理过程中必不可少的一个主体。而在我国社会主义公有制之下，国有企业承担的不仅是经济责任，更多的是政治责任，这其中就包含了诸多的社会责任和义务。尽管当前的主流学说都认为市场是资源配置的有效手段，但有很多问题单凭市场是无法解决的，也就是单纯地依靠市场手段达不到帕累托最优，这种市场经济天生的缺陷被称作市场失灵。市场失灵的表现和原因是多种多样的，如外部性、不确定性、信息不对称、公共物品、市场垄断、收入分配不公等。这些市场解决不了的问题往往需要政府采取各种手段来解决，国有企业就是其中的一环。政府可以通过组建国有企业，并赋予其一些特殊职能以弥补市场经济的不足，使其成为政府调控市场资源配置，确保国家经济安全，引导社会发展方向，维护社会舆情稳定，实现国家发展方略的有效手段。

（3）新一轮国资国企改革的需要

国资国企改革进行到当前的阶段，主要是通过股权混改的方式发展壮大混合所有制经济，一方面通过引入非国有股权加强对国企的约束，另一方面把管资本作为国有资产监管的重要手段。而国有企业所处的行业各不相同，承担的责任也各有差异，因此对国有企业进行分类成了制定国有资本收益率的前提条件。在此基础上，通过国有资本运营公司统一持有国有股权，对国有资本进行保值增值的监管。而对于国有企业的分类，目前各地一般将其分为公益类、竞争类和功能类三类，对不同类别的国有企业需制定不同的经营考核指标。对于竞争类国有企业，应着重考核其创造经济效益的能力，以完成利润指标为主，兼顾履行基本社会责任；对于功能类国有企业，应着重对其承担的职能进行考核，这也是其承担社会责任的方式，再辅以经营业绩的考核；对公益类国有企业，应当主要把增进公共利益作为考核目标，将完成社会责任作为其大部分的考核指标。因此，国有企业不同的功能分类，对细化国有企业社会责任提出了要求。

2. 国有企业社会责任的履行现状

对我国社会责任履行现状的研究主要以 2020 年的《企业社会责任蓝皮书》、2015—2019 年的商道融绿 ESG 评级报告为依据。其中，《企业社会责任蓝皮书》中对我国企业在 2020 年的社会责任发展情况进行了分析，同时规定了 2020 年我国社会责任发展指数通用指标指数体系的组成，这些分组是对我国国有企业社会责任履行现状进行描述的重要依据。企业社会责任发展指数通用指标、企业社会责任发展类型、企业社会责任发展指数组分别如表 2-1、表 2-2 和表 2-3 所示。

表 2-1　企业社会责任发展指数通用指标（2020）

一级指标	二级指标
责任管理	①责任组织；②责任融合；③责任沟通
本质责任	①股东责任；②客户责任
社会责任	①政府责任；②伙伴责任；③员工责任；④安全生产；⑤社区责任；⑥精准扶贫；⑦抗击疫情
环境责任	①绿色管理；②绿色生产；③绿色运营

表 2-2　企业社会责任发展类型

星级水平	得分区间	发展阶段
五星级	80 分以上	卓越者
四星级	60~80 分	领先者
三星级	40~60 分	追赶者
二星级	20~40 分	起步者
一星级	20 分以下	旁观者

表 2-3　企业社会责任发展指数组

指数分类	指数名称
按企业性质划分	国有企业 100 强社会责任发展指数 民营企业 100 强社会责任发展指数 外资企业 100 强社会责任发展指数

（1）总体情况

国有企业是国民经济的主导力量，是社会主义经济的重要支柱。据 2020 年相关报告披露，100 强国有企业自 2009 年以来的社会责任发展指数一直呈现上升态势。其中，由于 2017 年后国家制定了更为严格的相关评价标准，随着评价标准的升级和社会责任管理、信息披露要求的提高，2018 年国有企业 100 强的社会责任发展指数有所降低，但国有企业迅速调整和适应，在 2019 年该指数趋势由低转高。多年来国有企业不仅保持高分指数，也保证了社会责任管理工作顺利进行到追赶者发展阶段。

2020 年在国有企业 100 强中指数水平最高等级的企业数量占比达 13%，成为所有企业发展社会责任的目标；发展指数处于四星级水平的国有企业数量占比与 2019 年相比增加 14%，2020 年达到 37%；三星级国有企业数量占比 31%；等级偏低的企业数量占比依旧有 19%。虽然这些企业表现不断变好，平均指数水平不断提高，但只有仍然处于旁观者、起步者阶段的 100 强国有企业提升社会责任发展水平，我国国有企业 100 强整体才能拥有更优秀的社会责任表现，并在中国企业中做好带头作用。

（2）具体情况

如表 2-4 所示，从国有企业 100 强的具体社会责任发展指数来看，其在社会责任议题上的表现明显好于责任管理，最值得一提的是其中的政府责任高达 83.5 分，达到五星级卓越者阶段，是国有企业其他社会责任议题努力的方向；社会责任议题中，本质责任和社会责任中的部分二级指标也只达到三星级追赶者水平，是国有企业表现偏差的环节；社会责任管理中，二级责任指标的责任组织和责任沟通勉强达到三星级追赶者水平，责任融合仅达到二星级起步者水平，说明国有企业在社会责任组织建设上还有很大的进步空间，只有把社会责任组织建设做好，国有企业的社会责任实践才能有所提高。

表 2-4　国有企业 100 强社会责任发展指数

一级指标	评分	二级指标	评分
责任管理	38.3	①责任组织 ②责任融合 ③责任沟通	43.5 22.9 40.7
本质责任	62.4	①股东责任 ②客户责任	73.2 58.7
社会责任	69.2	①政府责任 ②伙伴责任 ③员工责任 ④安全生产 ⑤社区责任 ⑥精准扶贫 ⑦抗击疫情	83.5 69.4 58.7 65.9 59.6 69.4 72
环境责任	57.5	①绿色管理 ②绿色生产 ③绿色运营	63.7 49 60.7

（二）民营企业社会责任的现状

1. 民营企业履行社会责任的动因

（1）利益相关者对自身利益的维护

企业利益相关者的消费者、员工、社区等群体对自身利益的考虑将会成为民营企业承担社会责任的动力。每一个群体又可以被具体的划分为数个小群体，从企业行为的方方面面勉励企业履行责任。

社会责任研究所在对民营企业的社会责任表现进行评分和评级时也将相关者的利益考虑在内，将总体划分为五个模块，而利益的主体分别为股东、社会、环境和员工，以及供应商、消费者或者客户。润灵环球以及和讯网都对企业历年的得分进行了披露。

民营企业在不同模块的表现还存在不均衡的现象，除了企业所在行业这个影响因素，企业应该注意平衡各利益者的福利，增加在环境和消费者责任上的实践。企业高度的社会责任感能够为企业吸引更多有才能、有价值的员工，并且能够提升员工在工作中的幸福感和归属感。通过这种方式，员工对企业的信任和忠诚感也会增加，从而使得员工为实现企业目标而做出更多的努力。

（2）企业社会责任意识逐渐增强

越来越多的社会道德准则需要企业遵守，国际社会对中国企业的关注度逐渐增加，违反"纪律"的企业终将被世界市场除名。为了更好地衡量企业对于社会责任履行的状况，衍生出了社会责任的测量标准及政策、规范。1997年，美国的社会责任国际组织制定了世界上第一个企业社会责任国际标准SA8000，这一指标的建立是为了保护劳工利益，保证其能够在良好的工作环境下进行工作，共包含9项要求，如安全与健康、工资、工作时间、歧视和管理体系等。SA8000也是第一个可用于第三方认证的社会责任管理标准，SA8000的出现规范了全球不同的生产准则，在道德上约束和改善了劳工生活和工作的条件。

2000年之后，国际组织也开始制定企业社会责任原则与准则，如联合国契约、全球协议报告、ISO系列准则。测量企业社会责任的标准还包括道琼斯可发展指数、KLD指标、富时全球股票指数（FTSE4Good），这些指标每年都会进行更新，基于经济、环境和社会标准御用跟踪可持续发展对财务指标的影响。道琼斯可持续发展指数是道琼斯公司推出的全球第一个可持续性发展指数，涉及经济、环境和社会三个方面，且有具体的指标和权重分布，是从投资的角度分析企业可持续发展的能力。KLD指数的评价标准分为两种，即环境、社会和治理标准以及有争议的业务标准，结合利益相关者理论衡量企业社会责任绩效。KLD 所包含的 ESG 指标用于测量对利害相关者产生影响的企业社会责任，代表了企业与员工、消费者、环境、社区及整个社会的关系。综合以上的指标判断，对于企业社会责任的衡量多是从经济、社会和环境几个方面进行分析。

（3）社会责任的法律规制逐步完善

无论是企业的经营还是企业的其他行为都需要外部条件的支持，如基础设施、政策环境、经济制度等。如果不考虑企业共性的部分，可以说企业所处的外部环境越是优越，越能够鼓励企业承担社会责任，为企业提升国际竞争力提供强大的动力。

成为 WTO 正式成员之后，我国制定了诸多法律法规，但是在企业社会责任的立法研究上，我们还依旧不够成熟。尤其是在制约企业承担社会责任的行为方面，还未制定出具体且有效的行为规范。20 世纪末，部分立法中已经开始隐约呈现出企业社会责任的内容了。虽然"社会责任"这一词汇还未准确出现，但是在破产法、环境与资源保护法等法律条文中已经出现了这样的思想。《公司法》要求企业承担消费者责任、劳动者责任、环境责任以及国家责任等。2002 年 1 月 7 日，《上市公司治理准则》由中国证监会颁布，提出"上市公司在保持公司持续发展、实现股东利益最大化的同时，应当关注所在地社区的福利、环境保护、公益事业等问题，重视公司的社会责任"。从首次在法律条文中出现责任概念发展至现在，《经济法》《中华人民共和国消费者权益保护法》《环境法》等法律条文中对于企业的社会责任都有明确规定。我国民营企业数量众多，分布在各个省份，中央政府管理的难度较大，那么地方政府就具备了距离优势。

2006 年 3 月我国颁布并实施了《CSC9000T 中国纺织企业社会责任管理体系》，并且完成了试点任务，这是我国第一个标准化的社会责任自律机制。2015 年 6 月 2 日，作为第一份国家层面的社会责任标准性文件，"中华人民共和国社会责任系列标准"由国家质检总局和国家标准委联合发布，包括了《社会责任指南》《社会责任绩效分类指引》《社会责任报告编写指南》等责任标准的规定。

（4）承担企业社会责任的成本降低

企业承担社会责任的过程中产生的宣传费用、材料成本等都会增加企业提升财务绩效的负担，但是目前已经出现了各种各样的方法，帮助企业降低成本，减小企业承担社会责任对绩效指标的影响。假定在技术水平不变的情况下，持续增加某一个生产要素的投入会使得初期的产量明显增加，而达到甚至超过一定程度时，这一生产要素的投入不会再使得产量持续增长，可是企业对责任的投入并不遵循边际收益递减规律，初期成本的投入不会使得收益增加，反而增加短期成本，但是伴随着企业社会责任的持续投入，在达到一定程度之后，企业社会责任的收益便开始出现递增的趋势了。因此，企业社会责任的承担必然是有回报的，再者这种回报体现在企业的长期利益上。

我国民营企业虽然成熟较晚，但是具备后发优势，可以学习西方在企业社会责任上有较大回报的跨国公司，借鉴经验，模仿其在产品领域的革新，同时在制度模式、管理方式上学习如何更好地控制成本、践行社会责任。另外，社会对于企业的要求也不尽然会增加其投入的成本，在某些方面反而会鼓励企业节约生产材料，从源头上降低污染处理的成本。例如，以杜邦和 3M 公司为代表的"企业公民"另辟蹊径，通过承担社会责任，把预防污染放在第一位，有效解决了如何开源节流的难题。因此，坚守企业社会责任也是降低商务成本的途径之一。例如，企业实现材料回收、节约在操作过程中的能源使用都能够为企业带来资金和资源的利益。

因此，从成本效益上分析，企业承担相应的社会责任与市场经济的本质是不冲突的，关键在于企业是否愿意、是否有能力承担短期的运作成本，是否将长期利益和长远的发展放在经营的首位。

2. 民营企业履行社会责任的问题

（1）股东利益分配

而对一些股份制企业来说，不管企业的股票是否已经上市发行，其股东利益的分配问题都是企业所有者关心的问题。作为企业的核心成员，股东掌握着决策权，其价值观念和行为准则对企业的运作具有十分重要的影响。因此，在履行社会责任的过程中，股东与企业行为的冲突将会影响到企业的社会责任履行。从股东的角度来看，股东对企业长期收益的渴望程度要高于当前企业分红金额。从企业的角度来看，只有同时兼顾长期和短期的效益，才能保证企业的持续发展。股东掌握以企业重大决策权等为核心的企业控制权，而与之相对的，则是股东需要面对在企业经营不善时可能产生的损失。

不同于其他利益相关者，如经理、债权人等，他们的利益是能够通过合同进行保障的，所以股东相对其他利益相关者更关注企业行为对其收益造成的影响，且有权力决定企业之后的行进方向，那么在面对是否承担社会责任做出决断时，股东的选择就显得尤为重要。

众所周知，股东利益的主要来源是每年的企业利润扣除部分项目，如所得税、所得的分红。简单地从财务报表的角度分析，企业履行社会责任将会增加在公益项目、员工福利等方面的支出，而这类支出的增加很难在短时间内大幅度转化为对企业利润指标数据的提高，因此如果股东不能考虑到企业未来收益增长的趋势，股东对利润分配的需求将会成为企业承担社会责任的重要阻碍。只有当企业与股东观念一致时，企业才能作为一个整体承担社会责任。

（2）企业责任意识

企业在初次面对企业社会责任时的反应是逃避和反抗，民营企业并不乐意面对这样的问题。这是因为我国的民营企业多为中小规模的家族企业，传统观念和战略格局会影响企业的行为，对于社会责任的理解仅仅是主动纳税、创造地方就业的层面，这样狭隘的责任意识也会造成企业对社会责任的漠视。再者，在我国，企业社会责任起步较晚，对于企业来说，社会责任是一个相对较新的概念。因此，如何承担社会责任、如何把握经济与社会利益的均衡成了企业亟须解决和面对的问题。

除此之外，企业对于责任承担的层次和步骤还不够清楚，多数民营企业在完成基本的经济责任之后，直接跳过环境、法律责任去承担慈善责任，这些企业认为承担慈善责任已经达到了社会责任的一定高度和完成度，但是企业捐赠和参与部分公益事业并不等同于承担了社会责任，真正的企业社会责任一定是全面的。

被列入中国企业百强名单的企业内部多设有公共事业部门，这些部门中有专业撰写报告，分析自身社会责任的履行状况，报告中也包含了可披露的信息，而更多的职业经理人也开始加入这一行业。但是，同样对于社会责任的关注并没有在民营企业中得到推广和普及。目前，民营企业多为中小规模企业，企业领导人的经营理念、企业的文化都会迫使企业对社会责任做出评价。

（3）企业自身局限

企业社会责任的缺失与企业自身的状况、企业管理者的素质相关。民营企业自身的局限性将会成为企业承担社会责任时的阻碍。从企业规模的角度来看，无论是与发达国家的跨国公司相比，还是与国内的国有企业相比，民营企业在规模上多处于落后的位置。世界银行发布的《世界发展报告》公布的主要社会和经济指标中，我国的煤炭、钢铁、水泥、棉布、电力等工业产品的产量一直占据前五名的位置，但是企业规模在世界上却没能有排名。无论是民营企业资本规模，还是对外投资的规模都相对较小，这是从民营企业的整体水平和与巨型跨国资本对比得到的结论。

民营企业规模普遍较小的原因可以从以下三个方面解释。

首先，民营企业多为民营企业家们投资建立，不同于国有企业，民营企业的资金往往是以自有资本为注册资本，资本的规模将会决定企业起步的位置及在国际市场上的高度。

其次，民营企业的地位在提升，他们所获得的金融支持却相对匮乏，企业资本多为自由资本，融资获得的资本占比极少，这使得民营企业在各版块进行投资时，要面临可能出现巨大资金缺口的风险，如此便会限制企业对社会责任实践投入的能力。

最后，民营企业的行为往往与企业家的行为联系紧密。简单来说，企业家就是企业的经营者。在民营企业中，企业家的素质和能力显得格外重要，这是因为民营企业的经营权和所有权往往是掌握在企业家的手中，个人的意识和行为就会被放大。在世界市场中，企业家会考虑更多的不确定因素，他们对于风险偏好以及经营目标完成期限的控制程度将会影响民营企业配置资源。

（4）社会监督不力

在西方发达国家，公众或各种社会运动推动并发展起了企业社会责任。然而在我国，社会监督却是不完善的，出现管理水平低、监督人员素质差、监督机构并不完善的状况，这使得公众及社会团体的影响力变小，督促效果也不明显。另外，受中国传统文化积垢的影响，人们的维权意识淡薄，还不能充分利用民间组织和社会团体的力量，这使得社会责任的发展变得愈加孤立无援。环保组织、消费者协会、工会等虽然可以从不同的方面进行监督，但是专业且具有针对性的企业社会责任管理组织还不存在，这使得民间组织的监督力量还太单薄，监督效果不佳。

关于企业社会责任的舆论监督，首先舆论所营造的氛围应当是友好和良性的。如果社会责任变成了公众对民营企业的一种道德绑架，那么就相当于向企业传达：企业必须承担社会责任。我们希望社会舆论造成的不是对企业的威胁，而是鼓励和尽最大的努力支持那些有能力或是有潜在意愿的民营企业选择合适的方式坚守社会责任。严重的舆论抨击一方面会给我国民营企业造成严重的创伤；另一方面对于企业社会责任在我国的长远发展起到了一种负面作用。因此，整个社会舆论的态度应当更加"和善"，这种支持将会令企业意识到通过更多地参与企业社会责任能够提高企业的认知度和企业声誉，进而由无形财产转变为有形财产。

除了民间组织和社会舆论，新闻媒体也是重要的社会责任监督方。通过媒体的力量为企业营造良好的舆论氛围、监督企业社会责任的实施是每一个社会公民应当担起的责任。但是，就目前的实际情况来看，有关企业社会责任的宣传太少，对于企业社会责任的不良企业的披露也还太少，致使社会公众对于社会责任的了解不深入，并未发挥出媒体作为社会责任监督手段的关键作用；媒体对社会责任的调查和研究缺乏主动性，过于依赖已经产生的事实，而后续的报道又缺乏连续性，效果不理想。因此，以我国企业社会责任承担的现状来说，社会监督的缺失或不力其实也是企业社会责任缺失的一个影响因素。

（三）外资企业社会责任的现状

自改革开放政策实施以来，外资企业对我国经济建设发挥了举足轻重的作用，对健全我国企业管理制度、完善社会主义市场体系起到了积极的促进作用。同样，在企业社会责任建设方面，外资企业及其分支机构也一直发挥着重要的引领作用，尤其是跨国公司在国内的子公司或者参股公司，按照母国、母公司或者总公司的要求，在我国积极开展有关企业社会责任的相关活动，及时参与各项社会公益事业，对我国相关公益事业以及本土企业的发展具有重要的借鉴意义。然而，从目前发展情况来看，外资企业在我国的社会责任履行情况出现了一定的问题，需要在未来发展过程中采取一定的措施，增强外资企业的社会责任感。

1. 外资企业履行社会责任的现状

从历年《中国企业社会责任研究报告》的结果来看，我国外资企业履行社会责任有了较大的发展，外资企业社会责任的履行水平有了显著提高，具体表现在以下几个方面。

（1）责任管理层面

责任管理是企业社会责任实践的重要内容，主要包括责任战略、责任治理、责任融合、责任绩效、责任沟通和责任调研等方面内容，其构成了企业社会实践责任的起点。外资企业和国内企业相比，能够较好地履行责任管理职能，外资企业责任管理指数有了较大提升。

（2）市场责任层面

市场责任主要包含客户责任、伙伴责任以及股东责任三方面内容，这些责任与企业业务活动有着直接的联系，是衡量企业组织效率、企业财务绩效的主要指标。其中，客户责任表示企业与产品消费者之间的关系；伙伴责任主要强调了企业与合作伙伴、产品供应商之间的发展状况；股东责任则重点表现为是否实现了企业股东权益的增值，以及是否及时向股东发布信息等。外资企业为了扩大在国内的市场规模，往往注重对市场责任的管理，普遍在消费者、合作伙伴以及股东方面表现出了较强的管理水平。

（3）社会责任层面

社会责任主要包含政府责任、员工责任以及社区责任。其中，政府责任主要用于衡量企业是否遵纪守法、照章纳税、促进社会就业等；员工责任体现的是员工福利、员工培训等方面内容；社区责任主要反映企业是否及时参与社区、社会公益事业。从测度结果来看，外资企业在社会责任层面的平均指数虽然有所上升，但是还要有效提高外资企业的社会责任综合指数，激励其在社会公益以及员工福利方面做出积极改进。

（4）环境责任层面

环境责任主要包含环境管理、节约能源资源、降污减排等内容，是企业社会责任在环境保护方面履行相应义务的集中展示。从历年环境责任维度平均指数的变化情况来看，外资企业总体上对于环境责任的重视程度相对较高，环境责任平均指数均超过同期责任管理指数、社会责任指数等。

2. 外资企业社会责任存在的问题

外资企业在履行企业社会责任的过程中，为我国同行业企业相关责任的履行提供了一定的借鉴，但是随着对国内经济环境的逐步适应，也出现了一些违背企业社会责任的问题，主要表现在以下几个方面。

（1）部分外资企业环境责任意识十分薄弱

外资企业在最初进入中国市场的时候，为了扩大市场，提高企业的竞争力，十分注重在产品开发的过程中运用节能、环保的技术，并严格执行相关的规范，这在一定程度上促进了我国的节能环保事业的发展。但是，由于我国现行的环保法律法规不够健全，部分地方在承接国外产业转移的过程中，将落后的产业、高耗能的生产技术引入国内，使我国变成了国际跨国公司的"污染天堂"，给我国的生态环境带来了极大的危害。

（2）外资企业对劳动者的相关权益重视程度存在不足

外资企业对于劳动者相关权益的关注在不同行业和企业之间存在较大差异，有些企业秉承母公司的一贯原则，按照不同国际标准规范生产过程，关注企业员工的福利，尤其是按照国际社会责任组织发布的标准进行产品认证，或者通过强制认证，从劳动时间、工资标准、生产安全等方面保护员工各项权益。但是仍然有部分企业并没有遵守相应规则，降低了员工的福利水平。有效提高在华外资企业对劳动者权益的维护和管理，对于提高外资企业整体社会责任水平有着重要的促进意义。

（3）部分外资企业产品质量不过关，侵害消费者权益

在改革开放初期，国内市场一致认为外资企业生产的商品质量往往高于国内同类型产品，但是随着市场经济体制的确立，市场化水平的提高，内资企业在生产工艺和产品质量方面都有了显著提高，而外资企业却在产品质量方面频频发生危害中国消费者权益的事件，严重影响了国内消费者对外资企业的评价。例如，国际知名的快餐业巨头肯德基曾在其肉制品中添加"苏丹红"等违禁化学品，给广大消费者的身心健康带来了严重危害。然而在事件发生初期，肯德基下属的中国百盛餐饮集团并没有向国内消费者做出及时补偿，反而转嫁责任，认为是原材料供应商存在的问题，这种敷衍、忽视消费者权益的态度直接损害了肯德基在消费者心中的形象。

（4）法律责任问题已经成为外资企业社会责任管理的重灾区

从发展趋势来看，随着我国经济体制、法律制度以及监管制度的完善，法律责任问题有可能成为外资企业社会责任履行过程中遇到的最主要内容。从当前外资企业社会责任发展状况来看，由于外资企业对我国现有经济体制、监管制度以及法治建设逐渐适应和了解，他们针对我国市场制度建设方面的不足和漏洞，甚至采取不正当竞争手段，获取有利资源提高企业收益，主要的表现形式如下。

①商业行贿。基于我国现行行政审批过程存在漏洞，加之外企对于我国市场环境了解的深入，外资企业在我国市场有时通过行贿等手段获取市场资源，这些非法行为严重干扰了市场秩序。

②非法避税。由于我国税收体制不够完善，加上执法过程中存在不足，为部分外资企业逃税、漏税、骗税提供了空间，这些企业纷纷采取转让定价、调整资本财务报表、关联交易等方式，以达到避税的目的。这些外资企业的不正当经营行为不仅对我国税法建设、行政执法提出了挑战，也使得外资企业在我国境内充分履行企业社会责任的难度加大。

总体来看，外资企业虽然在我国经济发展方面提供了大量的技术和管理支持，但是在企业社会责任的实践表现方面仍然低于国内市场对它们的期望水平，一些企业为了赚取高额利润仍不惜铤而走险，不仅给自身发展带来了较大的负面影响，而且还对我国消费者、员工、股东等利益相关者的福利水平造成了巨大影响，所以我国政府和相应监管部门仍需要不断完善相关制度标准，加强监督执法力度，不断提高在华外资企业社会责任管理水平。

第三节　企业社会责任在公司法实践中存在的问题

一、公司设立不规范

（一）股东出资不当

1. 虚假出资和抽逃注册资本

公司股东的虚假出资、抽逃注册资本等出资瑕疵是多年来公司领域一直存在的问题。虚假出资是指股东不按照法律规定履行出资义务，用虚假手段骗取验资机构的验资证明，从表面上看似乎已按章程约定的数额出资，实际上出资并未到位的情形；抽逃注册资本是指股东在公司设立后，将其交纳的出资用非法途径抽逃，公司仍保留其股东资格和原出资份额。股东的虚假出资或抽逃注册资本的行为违反诚实信用原则，甚至会影响我国市场经济秩序，关系到公司的资本充实、其他足额出资股东的利益、公司法人人格的健全和债权人的利益等。

在实践中，公司债权人无法实现其债权时，常常会要求公司各股东承担连带补足的责任，甚至主张按照《中华人民共和国刑法》的规定追究瑕疵出资股东的刑事责任。根据我国的相关法律规定，公司股东存在瑕疵出资时，应当承担相应的行政责任和民事责任；数额巨大或情节严重时，公司股东还应按照《中华人民共和国刑法》第一百五十九条的规定承担刑事责任。

2. 股东不按期交付货币或办理财产权的转移

虽然2013年修订的《公司法》取消了最低注册资本的限制，实收资本不再作为登记事项，在登记时不需要再提交验资报告，但要求公司的注册资本由公司章程规定并在公司登记机关登记。我国现行法律对于公司股东的出资仍有诸多规定，如《中华人民共和国公司登记管理条例》规定，公司各股东应按照公司设立时达成的投资协议或其他有关约定，按期足额缴纳各自认缴的出资额，货币出资应足额存入公司开设的银行账户，非货币财产应依法办理财产权的转移手续。

部分股东不按期交付货币或者不及时办理财产权的转移手续，会严重影响公司的成立，进而影响正常的经营。部分股东不按期出资的行为，违反了各股东签订的投资协议，应向已足额缴纳出资的股东承担违约责任；未违约的股东，也要承担连带补足责任。

3. 以实物、知识产权、土地使用权出资未经评估

我国《公司法》规定，股东除可用货币出资外，还可以用实物、知识产权、土地使用权等可以用货币评估作价并能依法转让的非货币财产出资。此处的"实物"主要指有形物，如厂房、机器设备、车辆和原材料等；无形资产是指不具有实物形态的资产，能为法律主体所控制或占有，并且能为该权利主体带来经济利益，如著作权、商标权、专利权、非专利技术、土地使用权等。根据我国《公司法》和《公司注册资本登记管理规定》的要求，用非货币财产出资应当评估作价，核实资产，不得高估或低估作价，应当由具有评估资格的资产评估机构评估作价后，由验资机构进行验资。

在实践中，有些股东不采用评估的方式作价出资，而由各出资股东用股东会决议的方式商定出资价值作验资，这种方式极为不妥，因为现实中许多公司都是家族式的，如"父子公司"和"夫妻公司"等，因他们利益的一致性，验资时仅凭"投资者认可"作价，往往带有较强的欺骗性。另一种情形则是虽然经过了资产评估机构的评估作价，但为股东评估实物或无形资产的价格时，往往也基于迎合委托人的无理要求而弄虚作假，不合理地高估实物或无形资产的价值，违背了公司的资本充实原则，侵犯了公司债权人和其他足额缴纳出资股东的利益。

（二）公司股权设置不合理

公司的股权设置，不仅关系着各股东的切身利益，也影响着公司的经营管理和决策，公司经营的成败也与股权的设置密切相关。实践中，股权设置的问题，主要体现在以下两个方面。

1. 股权结构设置不合理

股权结构的不合理主要体现在股权过度集中和过于分散。实践中，许多公司由一个主要股东投资，另外的股东仅持有很少的注册资本比例，自然出现"一股独大"的情况，公司的股东会、董事会和监事会都形同虚设，很难建立起完善的法人治理结构，控股股东作为公司的实际控制人，拥有绝对的控制权，经营、决策一起抓，这种经营模式容易损害小股东的利益，公司的经营可能会因一时的决策失误而陷入重大亏损状态，从而影响公司以及公司股东的利益。股权过于分散常体现为小股东太多，所持股权比例都不高，公司没有控股股东，而大量的小股东因自身利益的考虑，在做出决议时相互制约，要想做出股东会决议必须要反复开会或者经过复杂的投票程序。

因此，股权的过度集中或者过于分散都不利于公司的正常经营和发展，不利

于公司的做大做强，甚至会出现公司僵局。因此，股东在设立公司时，应当慎重考虑公司股权的结构设置。

2. 隐名股东的问题

隐名股东是指股东实际认缴公司的出资，但在公司的章程、股东名册和公司工商登记材料中却记载为其他人。

股东资格是行使股东权利的前提，但在实践中，隐名股东的存在比较普遍，其资格确认也是司法实践中的难点，隐名股东的资格确认会涉及诸多法律问题，包括隐名股东和显名股东之间的权利、义务，以及两者与公司和第三人的法律关系等，法律关系不同，故资格的确认和相关权益的处理也视情况不同而区别对待。往往隐名股东与显名股东之间不签订协议，或者是虽然签订了协议，但权利约定不明确、内容不完善，或者是双方签订的协议违法而最终被确定为无效，经常出现显名股东未经隐名股东同意而擅自转让股权而发生纠纷，显名股东因与他人有债务纠纷而导致其名下的股权被冻结和被强制执行等，往往隐名股东的合法权益不能得到法律的有效保护，也会导致公司不能正常经营。实践中由此引发的诉讼屡见不鲜，确认隐名股东的资格往往会耗费大量的人力、物力和财力，许多公司因此而陷入经营困境，甚至亏损倒闭。

（三）股东知情权的法律保护存在缺陷

1. 信息披露制度的有效性保障不足

通过分析数份股东知情权纠纷的裁判文书发现，知情权之诉之所以会发生，其直接原因就是公司没有履行应尽的信息供给义务，以至于股东为获取其行权所必需的信息而不得不主动利用查阅权这一手段达到目的。在沈阳业乔信宝汽车销售服务有限公司（以下简称沈阳业乔信宝公司）与上海宝信汽车销售服务有限公司（以下简称上海宝信公司）股东知情权纠纷一案中，争议的焦点之一便是关于沈阳业乔信宝公司是否已经向上海宝信公司履行了信息披露义务，最终经法院审理查明上海宝信公司有权利查阅其要求查阅的公司文件，由于沈阳业乔信宝公司拒不接受上海宝信公司的查阅请求，基于查阅的必要性，上海宝信公司迫于无奈才向法院提起诉讼，由此判定沈阳业乔信宝公司未向上海宝信公司履行信息披露的义务。在淮安川普商贸有限公司与马晶晶等股东知情权纠纷案中，股东起诉要求查阅的理由亦是缘于公司长期未向该股东披露公司的经营状况。更有甚者，作为公司的监事竟也无法通过内部救济知晓公司信息，只能通过司法途径进行权利救济。基于数份裁判文书的数据分析,在股东提起诉讼的理由中,公司始终拒绝向股东披露信息或者怠于披露法律和公司章程规定要求的相关信息的理由出现得较为频繁,即使法律强制要求公司向股东及时披露财务会计报告的公司履行效果亦并不理想。可见,对于保障股东信息接收权的信息披露制度功能仍需进一步强化。

为保障股东信息接收权的实现,要求公司及时有效地向股东披露信息,包括特定公司类型层面的强制信息披露和普遍意义层面的公司文件的制作、保存、置备和送达。基于股权分散的不同程度,现行《公司法》《中华人民共和国证券法》针对上市公司和非上市公司设置了不同程度的信息披露要求,但均收效甚微。震惊全球的瑞幸咖啡财务造假事件又将频发的财务文件虚假问题展现在世人眼前,给众多投资者带来重大损失的同时也使得我国企业的国际形象大打折扣。类似事件间有发生,资本市场中财务文件频频出现问题,很大程度上表明信息披露制度的有效性保障远不如预期。基于委托代理和信息失衡理论,公司与股东间存在信息输出与信息接收的双重障碍。在此情况下,股东对公司的信息披露并非仅在于数量要求,信息披露的质量保证也是至关重要的。信息披露质量低导致信息披露的有效性不足,成为股东知情权利实现的阻碍因素。而信息披露质量低的表现主要有二:一是信息披露的真实性保证不足。在信息披露层面停留于形式化,不注重实效,股东获得真实且实用的信息容易成为空谈,尤其是重要的财务会计信息。二是信息披露监管单一。传统的信息披露监管依靠内外合力,内部依赖于公司内部监督机制,但是公司内部监督机制的运行本身的效果就不理想,仅仅依靠公司内部的监管保障股东权益无异于"纸上谈兵"。因此,寻求外部监管作为内部监督的有益补充应不失为股东知情权利保障的路径,然而外部信息披露的监管主体指向的是监管部门而非具备实际需要的股东,致使本就难以了解公司信息的股东处于"雪上加霜"的境地。这样的监管力度实际上并不足以保障信息披露的质量。除了信息披露的质量难以保证,对信息披露的程序性规定也存在不足之处。纵观我国公司立法,虽然规定了承载公司重要财务信息的财务会计报告通过置备、送达及公告的方式在特定期限内向股东披露,但对于送达的时间、地点等要求未予以明确,仅强调依公司章程的要求,进而使信息披露的操作更多地依赖于公司自治。公司股东的信息接收权无法保证实现,实践中大多纠纷也开始于此。同样对于信息的置备和送达程序缺乏有效的事前监督与事后惩戒机制,一定程度上成了公司规避义务的风口。对于信息的置备和送达应属于公司主动履行的信息披露范畴,其履行与否的关键在于公司自主性的依赖。对股东的信息披露本身属于公司的强制义务，若内外监督机制羸弱，实质上又将强制性义务归为了自治性义务。失去监督机制的强制力约束，股东的信息接收权依然很难得到实现。信息披露通过打破股东与企业之间的信息壁垒，从而实现公司信息输出与股东信息接收的有效衔接，因此股东知情权的法律保护需要更为严格的信息披露制度做支撑。

2. 股东查阅权限制规则有失偏颇

在行使查阅权时，股东享有诉讼救济的权利，在遇到权利障碍时，也可以用诉讼方式进行争取。通过对相关资料进行分析与实证研究，发现对股东知情权的争议主要集中在股东查阅权的行使上。

鉴于《公司法司法解释（四）》极大程度上赋予了股东知情权的诉讼救济保障，也鼓励了查阅权受阻的股东可通过诉讼获得所需知情的信息。但是通过检索研读裁判案例发现股东知情权纠纷的上诉率极高，基本围绕限制股东查阅权行使的规则展开论争，证明针对股东查阅权的限制规则仍存在急需解决的分歧，不同的裁判观点亦时常在判决文书中出现，使股东知情权的诉讼救济保障面临较多的不稳定性。基于股东查阅权的非绝对性，股东查阅权不可无边界地随意行使，为此依据公司性质设置了不同的请求权结构，其不同主要存在于股份有限公司和有限责任公司股东的可查阅内容上，尤其是涉及公司重大财务信息的会计账簿的查阅限制。2021 年《公司法（修订草案）》公布之前，查阅会计账簿的合法主体将股份有限公司股东隔绝在范围之外，公布后的《公司法（修订草案）》在限制持股比例和持股期限的基础上可以委托中介机构查阅会计账簿且需符合必要条件。实践中由于会计账簿的材料特殊性和本身所具有的信息价值，多成为股东与公司集中争论的适格对象。从制度设计上看，虽未授予股份有限公司股东与有限责任公司股东相同的股东个人亲自查看会计账簿的权利，但很大程度上开放了股份有限公司股东对财务会计类文件的权利限制空间，这样的制度设计不仅符合股东有限知情权的立法本旨，而且其本身的监督功能也受到了较大的发挥。然而对于股份有限公司股东查阅"必要性"的范围没有明示，司法审查中必然要面临范围界定的问题。同样即使赋予公司股东的会计账簿查阅权，也因适用中的诸多问题实际影响了权利的实施效果。基于以上数据分析，可以发现围绕会计账簿查阅权的限制规则的每一个节点均存在争议，在前置程序的履行问题上，《公司法司法解释（四）》要求需书面请求，说明目的，之后若被拒绝才可提起诉讼程序。该规则的设计目的在于穷尽内部救济，增进维权效益，节省司法资源，而实践中往往成为阻碍公司行权的理由，继而引发诉讼，司法审查的标准便成为股东诉权行使能否的重要开端，而对于前置程序是采用实质性标准还是程序性标准是适用过程中无法回避的问题。此外目的规则的限制同样面临着司法审查难度大的窘境。在重复研判和层层论证的基础上借以法律解释的形式统一了判定股东持以不正当目的的四项情形，然而经实践检验这样的明确方式背后存在着较大的逻辑问题。即司法解释列举的三种情形难以代表普遍意义上的情形，并且通过这种形式是否真正有助于司法审查还有待商榷。第一种情形将股东权利限制条件落脚于"实质性竞争关系"，然"实质性竞争关系"确定标准的模糊性依然需依赖于法官的个案判断，由此便容易产生不同的法律解释方法和司法适用标准。第二种情形意在防止股东恶意的信息泄露行为而设置的权利阻却条款。该目的的认定需以股东有向他人告知传播信息的可能为前提，以公司合法利益的损害为结果，且不说这种提前"判决"的标准是否合乎公平逻辑，仅以该标准对目的定性审查就不能轻易达成。第三种情形显而易见属实是对曾利用查阅权损害公司利益的股东设置的惩罚性条款，若股东的行为符合该种情形的条件，将剥夺其查阅的权利，对此条款的适用亦给司法审查带来了较大的难度，基于股东知情权的固有性和不可随意剥夺的权利要求，公司立法层面并未对股东行权的先前行为予以限制，在此难免存在立法冲突之嫌。此外，若知情权的行使据此溯及先前行为而认定股东的"不正当目的"，股东现时正当的权利行使便无法得到保护，有违立法初衷。可见，司法解释列举的三种情形均经不起推敲。总而言之，司法解释的规定确实对司法实践的审查起到了参考作用，然对"不正当目的"的判断标准缺少根本性上的把握，难免产生不同的司法审查态度，影响股东权利合法性的判断。此外股东查阅权的权利范围在实践中的需求不仅仅局限于法律明示的范围，实践中股东提起诉讼还会涉及其他的内容和信息，对超过法律明文规定范围内的查阅内容取而代之的是"公司特定文件材料"的表述。从文义上看，"公司特定文件材料"的表述范围要明显宽于《公司法》明文规定的股东查阅权的内容边界。

结合上述内容，为了保证查阅权的作用，现有的法律条文已经被扩充了好几次，但由于股东查阅权的限制规则存在着一定的偏差，使得股东查阅权的行使需要更多地依靠司法审查和法律解释，因此股东查阅权的限制规则体系有待进一步的健全和完善。

3. 民事损害赔偿责任难以落实

综合股东知情权的权利构成要素，任一权利的实现都要以公司信息的制作和保存为基础。为保障股东接收权的实现，《公司法司法解释（四）》赋予了股东知情权受损的民事损害赔偿请求权，以督促董事、高管信息置备义务的履行。若公司董事、高管未制作相应的公司文件材料，由于此义务未履行使股东受到利益损失，应对受损股东承担损害赔偿责任，既加强主体责任的履行保证信息及时供给，同时也是股东权利救济渠道的拓宽之需。然而通过实证研究发现，公司针对股东查阅相应文件材料的请求，声称公司并未制作相应文件或者文件丢失等不存在查阅的可能而拒绝股东的查阅请求的情形不在少数，甚至辩驳因股东自身原因导致权利不能实现，反观很少股东以此规定提出损害赔偿之诉。此种情况的原因莫不源于股东知情权的权利性质，鉴于股东知情权的实现并不能令股东直接获得收益，而股东却需得以借助知情权的实现来达到保障股权收益的目的，由此股东得以查阅资料往往不是权利行使的真正目的，真正的目的在于消除行使其他股东权利不合理的客观障碍。由此一旦公司未履行信息供给义务，股东更倾向于公司义务的履行而非损失赔偿。该条款的直接目的是弥补股东知情权受到公司侵害后主张赔偿的法律依据缺失，但是该规定由于"民事损害赔偿责任"的原则性和模糊性，在司法实践的运行中可操行性低，股东利用该升级条款维权会面临较大的难度。首先，股东请求损害赔偿责任的主体不明晰。董事、高管是信息材料制作和保存的主体毋庸置疑，然未提及董事、高管等人员负责的材料范围。承载公司经营信息和财务信息的材料众多，不同的文件材料根据其本身的性质和功能不同，均分属不同的责任人管理。鉴于现实公司运行中对相关文件材料的管理责任的划分并不统一，具体的文件材料是否属于公司董事、高管负责管理的范畴并不明确。负有保存制作材料的责任主体不明晰，相关责任人便容易借此推诿，在无明确的法律依据的情况下，股东损害赔偿的请求也难以实现。其次，未能明晰责任承担的限度。民事赔偿责任归根结底是经济责任，即依据股东因权利受损而产生的经济损失需责任人予以弥补，而在股东知情权纠纷中，股东因责任主体未履行信息供给义务而产生的损失认定需以未制作或保存的文件为基础，股东举证责任的难度可想而知。如此便会造成一种局面：股东既无法得知相应文件材料所反映的信息，也因难以确定经济损害的限度而据此提出损害赔偿请求，最终则导致请求权的落空。基于民事损害赔偿以责任负担确保股东知情权的实现，股东通过此条请求损害赔偿必然需付出较大的诉讼成本，并且对公司责任主体的约束力较弱，难以达到股东知情权保护的预期实效。

4. 股东胜诉判决执行效果欠佳

由于司法干预的被动性，公司司法干预的功能注定要通过事后救济体现出来。

只有在内部纠纷无法自行解决的时候，法院才能有限制地介入公司事务。司法干预的目的一般并不复杂，要么是赔偿损失，要么是纠正错误，二者兼而有之。在股东知情权诉讼中，股东既可依法请求损失赔偿，也可要求纠正错误，而纠正错误是更加常态和紧要的目的，因此在股东知情权诉讼中获得胜诉的股东凭借司法干预的支持能够促使公司提供股东行使知情权所需的文件材料。然而在我国的执行实践中，股东知情权纠纷在执行过程中也难逃诉讼实践中"执行难"的问题，胜诉判决的执行难以推进的情况广泛存在，影响着胜诉判决的执行效果，进而难以保障股东知情权利的真正维护。

首先，在股东知情权的执行程序中，被告公司以特定文件材料毁损、丢失等各种理由消极履行、规避执行、抗拒执行的情形并不少见，甚至故意转移、损毁、藏匿以抗拒股东权利的行使。在这种情况下，股东即使获得胜诉判决，其查阅资料的诉求依然会落空，最终往往以执行不能而面临终结执行的结果。个别情况下要求胜诉股东提供材料线索辅助执行，这种补救方式对股东而言实属天方夜谭，股东本就无法知晓相关信息材料，又何来线索一说。其次，难以确定执行措施采取的方法和限度。在股东知情权纠纷的执行程序中，被执行人名义上是公司，实际上需依赖于对应文件材料的制作者和保管者等直接责任主体来实现，负责相关材料的责任主体并未具体列明，责任主体不明同样会造成执行案件中执行主体不明晰的问题，对胜诉判决的执行亦极为不利，基于责任主体的不同，在执行过程中的执行措施采取对象限度边界的确定也较难以把握。最后，执行法院与其他部门的联动性不强。实践中，股东获得胜诉判决之后面临执行不能的局面时，即使重复申诉，也终因难以获得目的材料而再次终结执行，由此通过民事途径无法获得所需查阅的文件时，便转向借助行政手段和刑事手段实现权利救济，即请求税务机关进行税务检查或者进行刑事控告。但是税务部门和刑事部门均属于独立的运行构造。税务检查部门采取税务检查措施的次数依法受到限制，基于行政行为的目的性，不可随意启动税务检查行为。至于刑事立案，刑法本身具备谦抑性的要求，在实践中很难与股东知情权的执行措施进行衔接。综合而言，纠纷执行的方法、采取的措施都面临各种缘由的困境。基于此，股东与公司相比本就处于信息劣势，耗费了本不需消耗的经济和时间成本得到了胜诉判决，却因面临无法得到执行又回到维权之路的原点，股东权利最终仍是得不到保障，因此确保股东知情权纠纷中胜诉判决的执行效果对股东知情权的保护至关重要。

二、公司产权不明晰

十八届三中全会做出的《中共中央关于全面深化改革若干重大问题的决定》将保护产权作为坚持和完善基本经济制度的关键，明确产权是所有制的核心，国家保护各种所有制经济的产权和合法利益。企业有独立的财产才有存在和运行的基础，这也是公司法律制度的基本原则，公司的合法权益不受侵犯。

（一）土地使用权不规范

根据《中华人民共和国土地管理法》（以下简称《土地管理法》）的规定，任何单位和个人使用土地进行建设，必须依法申请使用国有土地，但兴办乡镇企业、乡（镇）村公益事业和公共设施、村民建设住宅经依法批准使用本集体经济组织农民集体所有的土地的除外。

在实践中，公司违法租赁集体建设用地进行生产经营的问题比较普遍。一种情况是在"先发展，后规范"的错误发展观的指导下，以政府招商引资为背景的，这时的土地违法行为往往由地方政府部门主导，表现为以政府或工业园的名义与公司签订"土地租赁协议"或"土地出让协议"，政府主导的这种土地使用方式违反了《土地管理法》的规定，会损害公司的利益，甚至会带来社会危害；另一种情况是公司直接与村委会签订租赁协议，往往是与村书记或村主任协商后由其签字并加盖公章，没有履行村民代表大会的民主决策程序，违反了《村民自治法》的相关规定。

在上述情况下，往往无法获取建设用地的审批手续，土地的产权也无法明晰，这种违法行为可能会引发土地管理部门的处罚，包括罚款以及没收非法占用土地上新建的建筑物和其他设施等。

（二）房屋产权不确定

根据我国《土地管理法》的规定，农村集体所有的土地使用权不得出让、转让或者出租用于非农业建设。而实践中，一些工业企业为了生产经营的需要，与村委会签订租赁协议使用集体建设土地，并在租赁的土地上投入大量的人力和财力建设生产用房，即使公司的生产经营手续俱全，也按照租赁协议的约定正常交纳租金，但因租赁的土地使用用途不符合法律规定，也没有规划部门的规划，无法取得规划局颁发的《建设工程规划许可证》以及住建部门颁发的《建筑工程施工许可证》，所以公司所建房屋的产权无法被确认。

根据我国《物权法》的规定，不动产物权的设立、变更、转让和消灭，经依法登记发生效力，未经登记不发生效力。虽然企业此时所建的房屋是由公司实际出资、实际建设并实际使用，但实际上并没有真正的产权，企业的房产并不构成真正法律意义上的产权，处于法律的灰色地带，无法真正的获得法律的认可和保护，可能会被认定为违法建筑，面临被责令限期拆除的风险。

（三）知识产权保护不力

知识产权是企业的核心竞争力，也是高新技术企业最有价值的资产。新《公司法》修改后，不再限制知识产权的最高出资比例，对于企业最大限度地发挥知识产权的作用有积极意义。但是，在实践中，知识产权的归属却常常难以界定，不能保证企业财产权利的完整性。

职务成果是指单位工作人员为了完成本职工作或主要利用了本单位的物质技术条件所产生的智力成果。根据我国法律规定，职务成果的权利主体是单位，其权益原则上也归单位所有，主要包括所有权、使用权和转让与许可权等。在实践中，对于工作人员是否利用了本单位的物质技术条件一般由单位负责举证。但是，由于公司对知识产权的保护意识不强，保护制度缺位，即使一些发明创造主要利用了单位的物质技术条件，且该物质技术条件对发明创造起到了至关重要的作用，往往也会遇到举证难的问题。

专有技术的特征决定了专有技术没有相应的权利保护期，一旦公开便丧失其秘密性，也就会失去经济价值，而公司的专业技术或专业秘密一般仅掌握在少数的核心技术人员的脑子里。实践中，出资者以专有技术出资时，这时产权将很难界定，如《公司法》规定以非货币性资产出资应办理产权转移手续，产权转移是出资的前提性条件，以货币、实物、专利技术等出资的往往比较简单，而专有技术因其特殊的权属性质，往往没有明确的法律文件，对其产权的界定和评估工作带来诸多不便。专有技术没有明确的让渡手段，很难完成法律上的交付，仅以双方的出资协议为基础，难以规避对公司其他利益相关人的损害；专有技术的权属不具有独占性，货币、实物、专利等出资方式会明确其权利的独占性，出资人出资后就不再拥有相应的权利，相对于专利的排他性等特点，如果不明确专有技术的原权利人权利消失，也不明确被投资企业对专有技术的独占性，则很有可能会形成出资者与被投资企业之间的同业竞争。

（四）法人财产与个人财产混同

企业法人财产独立是我国经济法律制度的基本要求。企业法人作为独立的民事主体，必须具有独立的财产作为其物质基础，如果不从法律上明确界定企业法人的所有权，就难以保障法人对其财产的自主支配权。在实践中，公司的财产与个人财产的混同主要表现为以下四种情况。

①实际控制人、股东侵占、挪用公司资金。公司实际控制人、控股股东往往利用职务便利，任意侵占或挪用公司的资金，严重侵害了公司财产的独立性原则，情节严重的，涉嫌挪用资金或职务侵占的刑事犯罪问题。

②"公款私存"。将公司的资金以自己的名义或者其他个人的名义开户存储，严重违反财务管理制度。

③公司财产登记在股东个人名下。比较常见的是公司实际出资购买的房屋、车辆落户在个人名下，动机和理由不一而足，一般是为了所谓规避法院查封和执行。还有一个问题不应该被忽视，就是登记在个人名下的专利权、商标权实际是公司的无形资产。控股股东经常利用其实际管理公司的优势地位将职务发明的专利技术和注册商标登记在其个人名下，再以有偿或无偿的方式授权公司使用，有的股东甚至把该专利技术和注册商标作为自己的财产出资到公司，这样不仅侵害了公司中小股东的利益，也侵害了公司的合法利益，成为公司持续经营能力的制约因素和重大威胁。

④公司占有或使用股东个人财产。比较普遍的是公司的实际控制人或控股股东将自有资金提供给公司使用，或者以个人名义向银行贷款后由公司实际使用。虽然这种情况不属于法律禁止的范围，依法应认定为公司与个人的借款关系，但在实践中往往存在着没有规范的协议安排或由公司支付不合理融资成本的问题，不符合公司规范管理的要求，也存在着侵害公司及股东利益的或有风险。

三、董事会注意义务立法存在不足

（一）规则的强制性程度忽视了公司的差异性

根据规范的强制程度，《公司法》规范分为两种基本类型：①任意性规则，《公司法》虽有规定，但是公司可以选择适用或者不适用，公司没有另行规定的，适用《公司法》的规则；②强制性规则，指公司必须适用的规则，不得自行排除适用也不得加以改变。公司宪治论认为，公司有着来自两方面的治理资源：公司章程是来自于公司本身的治理资源，它可以表现为公司的内部规则、股东协议、《公司法》中规定的可替代性规则等成文条款，也可以表现为不成文的传统、认识和惯例；公司法则是来自国家的治理资源，它扮演着提供标准或者规则的角色。简言之，公司运行于公司法律法规和公司章程形成的宪治框架下，所以《公司法》

规范既有任意性规范也有强制性规范也就不足为奇了。

《公司法》第一百四十七条规定中"应当"的表述说明该条属于强制性规范，当事人不得通过约定免除或者减轻注意义务。问题是当前我国存在大量股东人数在 3 人以下、规模不大，根据人际关系设立，具有明显的情感性和地域性的有限责任公司。这些小型有限责任公司以非常随意的方式召集和举行会议，或者根本不举行会议，通过电话或其他方式进行沟通。在这些公司里，运营和监督由股东一力承担，董事会不参与公司的决策。让这些有限责任公司的董事承担和职业经理人相同的注意义务是否过分严苛了？与此形成对照，上市公司的股东赋予了董事越来越大的自由裁量权，所有权和管理权分离的趋势不断加强，带来了代理成本增加的负面效应。所谓的代理成本是指股东利益最大化的目标和董事追求自己的利益的目标发生偏离，从而引发董事投机或者消极怠工行动产生的成本。若允许上市公司免除或者减轻董事的注意义务，会不会使董事义务规则虚置？《公司法》第一百四十七条在设计时显然忽视了我国公司的差异性。

（二）缺乏切实可行的判断标准

《公司法》第一百四十七条仅宣示了董事注意义务的存在，缺少规定义务的判断标准，为法官在解释该规则时留下了过大空间。胡某某与中国证券监督管理委员会的行政诉讼中，法院采用了客观标准。某宾馆有限公司与股某损害公司利益责任纠纷一案，法官则认为应当采取主观与客观相结合的标准或称为重大过失标准。范某与中国证券监督管理委员会的行政诉讼中，法官认为对独立董事应当采用主观标准。总结以上裁判可以发现规律：首先，裁判在侵权责任思路下展开，法官在审理过程中会确认公司是否存在客观损失以及损失和董事的行为之间是否存在因果关系。其次，部分法官仅对董事行为是否合法合规进行审查，对董事决策的过程缺乏必要的关注，这实际上把董事注意义务降维到了一种合法义务，忽视了董事注意义务的独特性；法官虽然有意识地引入了国外判断标准和业务判断规则，但既未根据我国整体的公司治理水平，也未联系涉案公司和董事的具体情况加以研判。

与缺少判断标准互为映照的另一现实是《公司法》对董事的履职抱有很大期待。尽管《公司法》没有明确规定董事会的地位，但从第四十六条董事会职权之规定来看，董事会并没有被限定为股东会决策的执行机构，它具有广泛的商业决策权力。一面是董事注意义务判断标准的缺失，另一面是董事被期待发挥更大作用，我国《公司法》急需更为具体和科学的判断标准和董事追责机制。此外，建立切实可行的判断标准也顺应了《公司法》改革的潮流。但随着我国的证券市场日渐成熟，所有权和控制权分离趋势不断加强；同时，以互联网技术为标志的第四次工业革命更是筑高了投资者和管理者间的信息和知识壁垒，董事会和董事的权力未来势必会有所扩张。唯有尽快规定董事注意义务判断标准，才能防患于未然。

（三）缺少责任限制条款

例如，我们在分析董事注意义务的目标时所讲的，董事作为普通的人类，其所具有的理性是有限的，而其所要接触和处理的信息是无限的，这一矛盾决定了董事决策误差的存在具有合理性。基于此，不是所有的决策失误都得让董事买单，只要董事能够阐述自己决策的正当性，证明自己已经参与了必要的决策过程，就应当认定董事为寻找"满意解"付出了全部努力。立法应对此类董事的责任进行限制，否则与要求董事成为全知全能的人无异。

对《公司法》第一百四十九条规定责任的性质至今未能达成共识。一种观点认为由于董事系基于与公司间的聘用协议，对公司负有注意义务，因此当董事懈怠行事时，他应当承担违约责任。另一种观点则认为董事的注意义务是过失侵权的基础，因而需要承担过失侵权责任。此外，还出现了违约责任与侵权责任竞合的学说。违约责任和侵权责任的构成要件并没有太大差异，因此性质认识的分析并不会阻碍董事担责的认定。但二者在是否允许行为人事先对责任范围进行限制上不同，合同法允许合同当事人事前约定违约责任，而侵权法则不允许对侵权人承担的责任范围进行限制。或许正因为责任性质不明，所以《公司法》忽略了董事注意义务的责任限制。而缺少责任限制和免除机制的后果是董事陷入不敢决策的焦虑中甚至辞去职务，因为注意义务和忠实义务不同，违反忠实义务伴随着各种易观察到的、损害公司而利己的行为，而注意义务属于董事经营能力的范畴，董事很难把握自己的能力是否达到了标准。

第三章　企业社会责任的法理基础

企业社会责任的性质决定其组织和行为必须遵循相应的法理基础。本章分为企业社会责任的理论基础、企业社会责任与私法自治原则、企业社会责任引入公司法的法理三部分，主要包括利益相关者理论、社会责任理论、合法性理论、声誉理论、可持续发展理论、企业公民理论、所有权绝对化向所有权社会化转变、契约绝对自由向契约相对自由转变、过错责任向无过错责任转变、实用主义法学、现实主义法学、经济分析法学、社会分析法学等内容。

第一节　企业社会责任的理论基础

一、利益相关者理论

利益相关者理论作为社会责任研究领域的核心理论，被众学者运用在社会责任相关研究文献之中。利益相关者理论认为企业的合理战略目标部署离不开与之有着密切联系的利益相关者们，需要将其各项需求纳入企业发展规划之中，以此维护良好的利益相关者关系。

利益相关者理论发展成熟的标志是 1984 年弗里曼（Freeman）出版了《战略管理：利益相关者管理的分析方法》一书。他在书中完整地描述了企业与利益相关者们之间的具体联系。弗里曼认为利益相关者是企业得以生存、发展的资源提供者，能够对企业的运营决策产生重大影响，同时自身的利益又与企业的经营成果息息相关，二者相互牵绊。自此利益相关者理论受到广泛的传播，被运用于经济、管理、社会学等众多研究领域，也成了众多学者的研究关注点。以利益相关者理论为基础从多角度进行延展和分析，衍生了许多经典理论。

股东至上的传统企业管理理念在过去深入人心，直至斯坦福研究中心于1963 年的内部文稿中提出的利益相关者理论使得学者与企业管理者们对于企业经营管理有了全新的认识。除股东之外的其他利益相关者同样需要企业在经营管理过程中的重视。企业与这些群体的良性互动，可以保障企业的经营生产活动乃至生存发展。随着管理理论不断创新发展，企业的经营模式理念也不断完善升级，利益相关者理论逐渐被学者们所接受，企业也越发关注对自身生存、发展有着影响作用的群体。弗里曼提出了正式定义的利益相关者理论，即能与企业目标相互影响的个人和群体可以看作该企业的利益相关者。

有学者认为企业可看作各利益相关者相互联系构成的组织。企业在经营管理过程中需要各利益相关者的资源投入，反过来各利益相关者也会对企业资源进行索取。因此，各利益相关者在对企业投入重要资源的同时，企业也同样需要为各利益相关者承担一定的资源或利益输出的责任。

还有学者认为利益相关者在为企业提供资源的同时，也可能对自身的利益产生冲击。随着经济全球化步调的加快，市场不确定性因素逐渐增多，企业对于物质资本投入者的依赖性减弱，而那些能为企业提供具有独特性、可替代性较弱的稀缺资源的群体将会为企业自身经营发展起到越来越重要的作用。

企业生产经营过程中资源的稀缺性使得其将会不断通过配置资源来平衡各个利益相关者的利益需求与回报。而在利益分配和资源平衡的基础上与各利益相关者间进行友好的互动关系，正是企业在新时代背景下可持续发展的关键步骤之一。

企业社会责任理论所强调的对各方的责任义务与利益相关者理论的多元利益主体思想具有一致性。学者们将两种理论结合起来进行企业相关问题的讨论在之后逐渐增多。有学者认为仅关注经济责任无法满足外界各方的需求，而企业社会责任则在这方面有着更强的潜力。

从利益相关者理论出发可以更好地诠释企业社会责任内涵。利益相关者理论提出了社会中不同利益群体与企业的联系，而履行企业社会责任的过程正是完善、促进、维持这种关系的方式与机制。利益相关者理论认为在企业生产经营过程的良好运行需要企业与各利益相关者的良性互动关系。基于这种互动的关系，履行企业社会责任的行为可以被认为是维护这段互动关系的一种信号传递。而这种互动关系的产生与维持提供了企业与利益相关者的价值创造运行机制。

较好的企业社会责任履行能够向企业的各利益相关者传递一定的积极信号。企业的经营发展和利益相关者与企业的互动关系密切相关。尤其是在复杂的经营活动中，信息不对称及逆向选择现象大量存在。各利益相关者对企业的真实经营管理情况往往是不了解的，这会促使各利益相关者在对企业的态度上以观望为主，从而导致了利益相关者对企业资源提供的不稳定性。而通过企业社会责任的承担，如参与各种公益慈善活动或其他相关的显性社会活动可以为企业相关利益者传递积极信号，从而在一定程度上缓解了双方信息的不对称问题，而这种积极的信号传递会促使利益相关者加强对企业资源提供的意愿。

企业社会责任的履行可以看作一种价值创造运行机制。企业社会责任的履行满足了各利益相关者的需求，在此过程中各利益相关者主体也进行了价值创造。张兆国等认为当企业满足了利益相关者的需求后，前者将会获得后者的支持，这一过程有利于企业获取竞争优势和更高的价值，同时也创造了全社会的共同价值。

二、社会责任理论

社会责任理论认为企业的社会责任由以下几部分构成。

首先是经济责任。经济责任是指企业在进行市场交易时能够为经济市场提供的服务和商品，在解决经济参与者对商品和服务需求的基础上达到企业本身交易收益的过程所体现的责任，这一项责任是企业在进行市场交易时最基本的责任。

其次是道德责任。道德责任是指企业在进行自身市场交易时能否恪守自身的道德底线，这样的道德底线与社会发展的价值观念往往是一致的。在内在道德的驱使下，单方基于自愿性前提下实现企业利润最大化，道德责任又可以成为企业在市场交易过程中因为道德要求而产生的交易成本。

再次是法律责任。法律责任是国家进行顶层设计对企业从事市场活动最硬性的要求，与之相关联的理论为社会契约理论。社会契约理论最初是在18世纪产生的，作为西方社会治理最重要的理论之一，其拥护者认为所有在社会发展中进行社会群聚所产生的交易都是逐步建立社会契约的过程，这样的契约具备个体与个体、个体与集体密不可分的关联关系。市场主体的经济交易受制于社会法制要求，在该条件下延展墨守成规的契约便是经济活动得以展开的枢纽。

最后是慈善责任。慈善责任是指企业通过多种形式的社会公益活动，通过参与第三方或者其他经营性组织等进行公益活动的开展。这样活动的开展往往有利于企业建立长期潜在的投资反馈。例如，树立正面形象来获取竞争优势，在提升企业自身声望、地位的同时，为企业稳固已有或者即将发展的投资者，以此获得更大的正收益，这是一种企业与社会双赢的显性行为。但目前对于企业通过慈善理论提高企业财务收益在当今学者深入研究时始终有不少争议，有的学者认为不应将慈善行为与企业业绩进行挂钩，虽然慈善可以使企业获取一定的资源，但不应该过分放大这个作用，更不应该将企业慈善行为看成企业运转获利的手段。

而在资本市场发展的进程中，社会责任理论也被广泛地应用。扎根于西方自由主义报刊理论，但又不局限于基础理论，在扩展中形成了自己独有的体系。社会责任侧重突出市场一切活动的活动定义均应以社会责任为基础，任何活动主体在实现权力自由的同时，也应履行社会对主体活动要求的义务与责任。而作为对市场活动与秩序进行维护和推动的政府方，也应该在给予市场活动主体自由的同时倡导自由，在自由中辩证发展。因此，企业社会责任理论是利益相关者理论的深度补充，更是研究企业社会责任的进一步扩充，有利于加深企业社会责任在企业发展中扮演的角色。

三、合法性理论

除了企业内部因素，外部环境也是影响企业的社会责任水平的重要因素。坎贝尔（Campbell）于 2007 年提出，学者们应该更多地从制度层考虑可能影响企业社会责任的因素。他认为制度理论对于理解企业履行社会责任的行为具有重要意义。

马腾（Matten）等人于 2008 年指出，企业管理层会对股东和其他关键利益相关者的态度和意见做出回应，由于企业环境责任具有社会性，制度理论将各方利益相关者之间的相互依赖和相互作用纳入分析之中，有助于我们理解驱使企业履行社会责任的因素。合法性理论的支持者认为，企业在经营管理的过程中遵守法律法规和相关政策的要求，以维护其合法性，进而引导其进行正确的决策。

罗恩（Rowan）等首先提出，符合社会制度以保证组织的合法性是决定组织能否生存的关键。迪马乔（DiMaggio）和鲍威尔（Powell）进一步对合法性理论进行了完善，他们提出了促进组织同形的机制，包括强制性同形、模仿过程和范性压力，即政府等权力机构施加的法律法规等约束、组织在不确定环境下对高绩效组织的模仿和同类组织由认知相似和组织行为扩散所形成的社会规范。其中，强制性同形和模仿过程机制对于我们分析绿色信贷的政策效果具有借鉴意义。

正如萨奇曼（Suchman）曾在研究中提到的，"合法性不仅影响人们对待组织的行为方式，也影响他们对组织的理解。因此，大众认为合法的组织不仅更有价值，而且更值得信赖"。已有研究表明，获得合法性可以提高公司竞争资源的能力、获得利益相关者的认可并在危机时期为企业提供有力的支持。

合法性理论认为公司没有固有的生存权，企业与社会达成并履行契约以获得社会公众的认可。在这种契约中，完成各种社会期望的活动是企业生存和发展的前提。公司等社会机构通过遵守显性或隐性社会契约在社会中运营，他们通过完成公众对企业的期望和向其权力来源的群体分配经济、社会或政治利益来维持其生存和发展。简而言之，合法性理论强调社会期望和规范对于企业的约束作用。

如果企业能够满足社会期望，企业就能与公众的目标达成一致，进而建立良好的企业形象并获得较好的发展。

合法性概念的核心是利益相关者和整个社会的观点以及对企业的要求。卡特（Carter）等人对这一点做出的解释是，合法性的一个基本要素是"满足并遵守一个社会系统的规范、价值、规则和意义的期望"。基于合法性理论的研究证实，企业将承担社会和环境责任作为一种提高自身社会合法性的工具，以树立积极的企业形象，即企业的运营方式符合对企业具有政治和经济权力的利益相关者对于社会责任和环境责任的期望。简而言之，合法性理论关注的是公司管理层将如何对社会规范做出反应。

由于合法性理论是基于社会契约的概念，如果政治或经济地位较高的社会成员，如政府和投资者等，认为企业违反了社会契约的隐含条款，企业的生存和发展便可能受到影响。有学者提出，如果企业不能以社会满意的方式运营，那么社会将迅速撤销企业继续运营的"合同"。这一影响的实现途径可能是通过消费者减少对公司产品或服务的需求，或通过非政府组织游说立法来影响公司的现金流。

从环境合法性的角度来看，企业可以将环境报告作为一种合法化手段来使用。因此，如果企业担心其社会或政治合法性受到威胁，他们就有动力积极从事与社会责任和环境责任相关的事务，以抵消可能不利于其声誉和持续生存的负面影响。可以认为，随着政治和经济地位较高的利益相关者对企业社会和环境绩效的期望值不断提高，没有满足这些期望的企业将面临合法性缺失的威胁。

四、声誉理论

市场经济活动需要有序进行，这种市场秩序既来自以国家强制力为实施保障的司法系统，也来自声誉的非强制性约束机制。

早在200多年前，西方经济学鼻祖亚当·斯密（Adam Smith）在其著作《国富论》中便提出"声誉是确保契约得以诚实执行的非正式机制"。

事实上，与具有强制性的法律机制相比，声誉机制成本更低，尤其在交易会重复进行、缺乏抵押或担保的借贷等经济活动场景中，声誉的重要性会进一步凸显出来。即便声誉的重要性早已得到关注，但在经济领域的系统性研究却是在20世纪80年代以后。

1982年，克雷普斯（Kreps）和威尔逊（Wilson）在解决"连锁店悖论"问题时，将信息不完全条件引入重复博弈模型中，发现了声誉作为一种隐性激励机制，在重复博弈过程中具有激励代理人的重要作用，从而确立了标准声誉理论。该理论认为，出于对自身利益的考量，在交易双方存在信息不对称的情况下，具有信息优势的一方更容易出现短视的机会主义行为。但如果交易是循环往复的非"一锤子"买卖，交易双方意识到该交易关系能带来长期可观的预期收益，便会十分在意"声誉"，即便意识到对方只是狭隘的自利主义者，对于丧失未来预期收益的威胁也会迫使双方签订的契约可以顺利执行，从而抑制短期机会主义行为。既然代理人的声誉对其投机行为能形成良好的自我约束，那么从一开始就提高经营者的声誉，对于后期的管理可以达到事半功倍的效果。

标准声誉理论是在不完全信息条件下的多期重复博弈环境中提出的，博弈过程中，由于交易双方都能持续获得有关对方能力和偏好的有价值信息，因此能有效规避由于判断失误所致的逆向选择和道德风险等问题，最终在重复博弈中实现合作均衡。

除了标准声誉理论，影响比较深远的还有两个分支理论：一个分支为声誉交易理论，另一个分支为声誉信息理论。

声誉交易理论认为声誉是一项可以交易、附属于企业名称的无形资产，其价值等于企业违约带来的未来预期收益损失减去因违约而得到的短期收益。作为一项无形资产，参与人都有足够的积极性去树立一个乐于合作的声誉，以获取更大的未来预期收益，并规避违约行为，以减少因此带来的声誉损失，从而使企业在声誉交易中获取更大的收益。当然，作为一项可以交易的无形资产，声誉的价值并不是在交易发生时一经评估后便一成不变的，而是随着顾客对企业的新认识而动态变化的。因此，声誉的维持十分重要。

随后，经济学家拉里·萨缪尔森（Larry Samuelson）等人做了进一步研究，指出声誉同企业的固定资产或金融资产具有类似特征，都不是与生俱来的，会经历一个逐渐积累并逐步消失的过程，都需要投资和维持。同时，声誉又是一种具有独特性质的资产，其价值在于向顾客传达可信的"高水平努力"承诺，进而把企业同不具备这种特质的低能企业区分开来；标准声誉理论认为，声誉可以降低信息不对称带来的逆向选择和道德风险问题，声誉的广泛传播可以提高市场效率，但标准声誉理论并未就声誉的信息传递机制展开研究，这便是声誉信息理论的主要内容。声誉信息流可以有效限制信息扭曲、减小信息不对称程度和降低交易成本。

米尔格龙（Milgrom）指出声誉信息流可以帮助商人们跨越遥远的空间距离，甄别出值得信赖的商业伙伴。派尔（Pyle）运用五个转型经济国家的制造业数据，研究了企业声誉信息流的传播渠道，指出顾客之间的交流是企业声誉信息传递的重要渠道，交流的内容包括产品质量、售后服务等。派尔还指出声誉信息流会提升市场运行效率，与法律意义上的合同履行之间具有替代效应。

希夫（Schiff）等人认为，声誉系统是对信号具有搜集和鉴别功能的一套重要机制，厂商的虚假广告会带来短期收益，但声誉损毁带来的长期损失可能大于短期收益，需要在二者之间权衡。如此声誉系统便可以甄别出高质量产品并给出高定价。

事实上，正是由于理解声誉内涵的视角不同，才会产生上述不同的声誉理论及其分支。以克雷普斯等人为代表的学者所提出的标准声誉理论将企业维护声誉的目的界定为交易双方需要用其建立的声誉去解释有限次重复博弈过程中的合作行为，而声誉交易理论把声誉看作一种类似于企业有形或无形的资产，有价值，也可以交易。声誉信息理论将声誉看成一种减少信息扭曲、甄别承诺可信度的信号显示机制。

1996 年，国外学者提出了一个较为综合的企业声誉概念："企业声誉是企业过去一切行为及结果的综合体现，可以客观衡量企业在与内外部相关利益者的关系中的议价能力，以及在其竞争环境和制度环境中的位置，由产品质量、财务业绩、员工关系、社区参与、组织事务和环境表现六个方面构成。"以上对企业声誉概念的定义融合了利益相关者理论的精髓，企业声誉构建的六大要素也与社会责任履行的不同维度高度契合。

实际上，早在 1972 年就已经有学者构建声誉指数来衡量企业的社会责任履行状况了。作为一种通过消耗企业有限资源以承担更多社会责任的非自利行为，企业社会责任履行可以向外界树立一个非自利的良好公民形象。当这样的信号或行为持续传递到利益相关者那里，会积累起其他竞争者难以效仿的企业声誉资本。需要指出的是，良好且持续的社会责任表现只有被利益相关者认识到并形成积极评价时，才能帮助企业建立良好的声誉。

五、可持续发展理论

早在 2000 年，就有学者提出企业的可持续发展要求：一是要结合自身的长期战略，同时担负社会发展责任和自身生存责任；二是为保持优势，考虑自身生存风险，实现经营利润，同时还要适应社会、经济环境，在产品、污染以及技术革新方面做贡献。

2006 年，李培林通过分析我国企业与美国、日本等国家企业的生存周期，发现我国企业可持续性问题并不乐观，只有将可持续性发展战略以社会责任为出发点，不断实现创新和发展，高效利用资源，才能满足利益相关者和企业利益的需求，实现赶超同行业企业平均寿命并和谐发展。企业的生存和发展要履行对利益相关者的相应责任，可持续发展是内外资源及环境相互作用的结果。

2010 年，有国外学者强调，可持续性发展须将经济、生态、社会各方纳入"三重底线"，不仅在现阶段满足利益相关者的需求，而且还保证在未来也不会损害其利益，以防止企业在经营过程中，遇到经营环境的变化，只强调眼前利益，而不以远期目标为基础，进而损害利益相关者和企业的远期利益和社会责任。另一些学者认为，社会责任的"三重底线"在企业可持续发展管理中相似，组织绩效可由经济、社会和环境三个维度进行评估。同时，有学者提出，企业可持续发展和企业社会责任之间的差异是相当微妙的，在经济、社会和环境维度上有相似的概念，这使得这些概念经常互换使用，企业可持续性指的是组织通过产品、管理系统、利益相关者参与以及战略和政策制定来管理其社会和环境足迹所采取的行动。

杨桃等人总结出可持续发展理论对于企业社会责任来说总体可分为经济可持续和环境可持续两类，一类是对满足企业在经济方面保持效率和竞争性的可持续性，另一类是在生态上强调的"绿色发展"理念的可持续性。无论是经济还是环境的可持续性，在中西方都引起了企业以及利益相关者的持续关注。企业若是想拥有良好的社会责任认可，必须在经济上取得可持续性盈利才能保证企业的生存为社会做贡献。而为获得更大的认可，企业可以通过对环境可持续性的投入和成果，从企业内部和外部的利益相关者得到认可的提升。同时杨汉明指出，企业的可持续发展与企业的社会责任间的影响和促进作用比较明显，具体情况为：企业业绩与企业社会责任的正相关关系，这种关系是由企业长期持续的社会责任决定的。

企业的可持续发展与企业社会责任联系紧密，企业社会责任作为企业发展源泉之一，影响着企业的可持续发展，企业若不履行社会责任可能会取得短暂的盈利，但就长远的发展而言，社会责任的缺失会对企业长远可持续发展造成不可估量的损失。

实现可持续发展需要社会各方的共同努力，在此背景下循环经济作为一种新型的发展模式，它要求经济、社会、资源、环境与科技等各方面共同发展、相互协调，也需要企业、政府以及社会公众的共同努力。

首先，企业是物质财富的创作者，也是环境问题的主要制造者，企业对可持续发展的促进与实现能够起到不可忽视的作用。以可持续发展作为目标时，企业将会合理利用资源，承担保护生态系统使其免受不可逆的破坏等环境社会责任，这对于推动社会的有序发展、自然资源和环境的保护与改善有着重要作用。

其次，在循环经济的背景下将可持续发展理论作为指导方针，通过国家强制力刺激企业主动或者被动承担环境社会责任，强调企业要重视能源消耗、节能减排，从而实现企业自身发展和对环境问题的改善。

最后，循环经济强调企业承担环境社会责任，国家通过相关法律与社会通过道德让企业的活动符合生态规律，只有这样才能真正实现全社会的可持续发展。

六、企业公民理论

企业公民理论起源于 20 世纪 80 年代的西方国家，受到广大企业家和学者的关注。关于企业公民概念的界定，学术界目前存在多种看法。美国波士顿学院从行为方式的角度出发，提出企业公民是一种将社会价值与企业发展运营结合起来的方式。因为企业只有充分认识到自身的成功与社会的稳定以及社会提供的各种资源紧密相连，才会自觉关心员工、客户、供应商和环境等相关者的利益。

爱泼斯坦（Epstein）认为企业在社会经济和非经济方面承担的责任是衡量好的企业公民的标准。

扎德克（Zadek）等建立了企业公民三角模型，对企业公民设定了衡量标准，一个合格的企业，必须满足三个条件：一是企业务必充分了解外部环境，并根据环境的变化及时做出相应调整；二是随着环境的变化，企业应当不断进步；三是企业的各种行为要符合社会道德的规范。

世界经济论坛在 2002 年对企业公民的内容做了四个方面的阐述：第一是企业必须遵守社会道德，拥有良好的品质；第二是承担对员工的责任，保证企业内部员工薪酬公平、工作安全、机会平等；第三是保护环境，自觉维护环境质量；第四是为社会的经济和福利做出贡献，如慈善捐赠等。

综上，企业公民理论重新定位了企业在社会中的地位，赋予企业"公民"的身份，一方面，企业拥有社会赋予的各种权利，能够利用社会提供的各种资源进行经营活动，另一方面，企业也必须在维护员工利益、保护环境等各个方面积极履行自身义务，用切实行动回报社会，从而维持社会的正常秩序。企业公民理论的产生和发展，为企业履行社会义务、承担社会责任提供了合理的依据。

第二节　企业社会责任与私法自治原则

一、所有权绝对化向所有权社会化转变

资本主义国家民法有三大原则，其一就是"所有权绝对"。1789 年法国的《人权宣言》就提出"所有权神圣不可侵犯"的宣告，1804 年《法国民法典》明文确定了"所有权自由而无限制"。这是对所有权的绝对确认，但是随着经济和文件的发展，社会的进步，所有权绝对化也出现了很多问题。因此，各国学者就此展开深入的研究，并提出了所有权相对社会化的概念。私人财产所有权的自由是建立在一定的义务条件下的，如满足了义务条件，那么所有权自由是不能限制的；如未满足，那么就不能任意自由地行使所有权。这种权利与义务相结合的法学观点也被各国普遍接受，并在各种法律中都大量体现。《世界人权宣言》第二十九条特别明确："人人对社会负有义务，因为只有在社会中他的个性才可能得到自由和充分的发展。"

在当今发达的经济世界中，企业的行为如果片面强调以所有者财产为绝对核心，那么必然就会暴露许多问题，如员工利益、社会效益和环境状况受到损坏或者恶化。由契约理论引出的企业社会责任概念则强调企业经营活动必须体现各利益相关者的合理诉求，而不是仅仅体现企业所有者单方的权益。

例如，1982 年，美国钢铁公司因经营角度考虑，拟关闭一个工厂，这个工厂的工人和所在地的居民都集体反对。公司认为，按照财产权绝对自由的观点，自己是有权力随意关闭的，而不受工人和当地居民的约束。而反对方的代理律师则提出：尽管公司对工厂拥有绝对支配权，但是由于长期以来工人和当地居民与工厂建立了某种利益关系，工人的很多技能、当地的很多公共配套很大程度上是围绕这个工厂的。一旦这个工厂关闭了，会导致工人失业、社会配套过剩浪费，从而影响当地居民的收入和生活水平，也就影响了工人和当地居民的财产权。就如两个自然人不管婚前财产如何，结婚一定年限后离婚，双方财产需平均分配或者合理补偿。因此，美国钢铁公司如果想行使关闭工厂这个财产支配的权利，就必须建立在履行给工人和当地居民合理赔偿的义务的基础上。

依照所有权绝对理论，个人所有权的任意处置是有损于社会公平和整体利益的，因此非常有必要在个人所有权上附加一定的义务条件，如社会义务或功能，

这就是我们谈到的个人所有权社会化理念。任何个人或者集体行使其财产所有权时，都不能损害他人利益，也不能损害社会公共利益，在此基础上，才可实现个人利益。首先提出所有权社会化的是德国法学家耶林，他认为所有权的行使应在顾及社会利益的前提下实现个人利益。因此，个人的所有权制度应进化到社会所有权制度。这种思想在1919年《魏玛宪法》中得到充分体现："所有权负有义务，其行使应同时有益于公共福利。"

正如社会法学所倡导的：一切权利皆为社会权。私权即为社会权，须常以社会之义务为其本，其行使与否，不能纯然委于个人的自由，而须依社会的利益为根据，加以相当的限制。

所有权社会化的思想对传统的企业自治及私法理论产生了深远的影响，即由注重个人利益开始向注重社会利益转变，由以所有为中心向以利用为中心转变。

二、契约绝对自由向契约相对自由转变

契约自由的核心思想是指个人之间的契约关系应该根据契约当事人的自由意思决定，任何人不得干涉。现代契约自由的思想来源于公元6世纪东罗马帝国的《法学阶梯》，文中明确提出了诺成契约的概念。

契约自由思想的产生是源自封建社会的身份关系和等级观念被打破和资本主义生产关系逐渐形成，从而实现了"从身份到契约"的转变。契约自由这一准则一度对近代市场经济发展起到非常重要的作用，可以说是自由市场经济的核心。但是，随着社会经济的蓬勃发展，经济活动的主体规模日益庞大，整个市场凸显垄断资本主义特征时，绝对的契约自由也为整个社会带来许多问题。已形成行业垄断的巨头企业，依靠自身的垄断地位，与其他同类小企业、员工、消费者和其他相关群体出现不平等状态，不可避免地发生以强欺弱的现象。那么，契约理论中提到的契约主体平等的主导思想实质上已不存在了，就难以说是契约自由了。

国家为保护员工、消费者、社会和环境等利益相关方的合法权益，通过制定相关的法律法规强制规范企业的某些行为或对企业的行为提出一定合理的要求，以促进社会和谐发展和经济可持续发展；通过对企业的契约自由进行合理限制，实现法治保护下的自由，不但要尊重企业意思自治原则，还要维护社会公共利益。企业社会责任的提出打破了原有的契约绝对自由原则，促进了私法向公法化的转变，也对原来未受关注的利益相关方的利益进行了更好地维护，最终也在保障企业生产和促进企业发展的基础上促进了整个社会和环境的协调和可持续发展。

三、过错责任向无过错责任转变

经历文艺复兴、宗教改革以及后来的理性启蒙运动，欧洲的近代法律才得以兴起，主要就是重新高扬希腊的理性和发现罗马法。1804 年的《法国民法典》重新确立了过错责任制度，从而使其成为近代民法的一项基本原则。

近代民法以"意思自治"为核心，相应地，在责任方面也要求必须是过错责任。然而，进入 19 世纪之后，资本主义进入了大机器时代，同时也是事故多发的时代。伴随着工业经济的发展，事故主要集中于工业灾害、汽车事故、公害事故以及产品事故四类。这些事故的共同特点是：与事故本身密切相关的是社会生活所必不可少的生产经营活动，为了社会的进步，生产经营就不可能禁止，因此也不可能杜绝事故的发生，即事故具有不可避免性；一旦发生事故，危害较大、涉及范围较广；事故的因果关系难以查明，加害人的过失也不易证明。如果还一味坚持过错责任原则，就损害了受害人的合法权益。因此，随着社会保险制度的逐步完善，为了保护社会和广大公民的利益，世界各国逐渐在某些特殊领域确立了无过错责任。《中华人民共和国民法通则》也规定产品责任、高危作业人员损害责任、污染环境责任和动物侵权责任等都属于无错失责任。

即使企业在经营行为中完全无法控制危害行为及其危害结果发生时，也要承担相应责任。2002 年 10 月美国洛杉矶就出现了一个非常典型的判例。法院经过审理认为，烟草公司应对长期吸烟而导致患癌的烟民支付巨额赔款。由此可知，企业应对其行为所产生的后果承担相应责任，而不取决于其是否有过错责任。

无过错责任原则的确定使企业社会责任的实现和发展得到了大力地推动，也较好地处理了企业在盈利过程中与其他利益相关者之间的利益冲突和摩擦。同时，无过错责任原则使得企业不再过分强调逐利，而是追求全社会利益最大化。

第三节 企业社会责任引入公司法的法理

一、实用主义法学

实用主义法学兴起于 19 世纪末，到 20 世纪开始繁盛，这正是资本主义从自由竞争走向垄断的时代。实用主义法学的代表是庞德（Pound），他提出了著名的法律控制论，同时他指出法律并不是孤立的，研究法律就应当重视其他因素，如法律的社会目的、运行和效果。他认为，法律最终欲达致的社会目的的意识是法理学的基本组成单位，好的法律一定是最终可以为社会大众带来服务的法律。庞德在他的法理学中将法律秩序保护的利益分为三类：个别利益、公众利益和社会利益。他认为不能死板地评价这些利益，因为它们在不同时段各自显现的功能不一样，这个利益在这个时期可以享有优先权，而那个利益在那个时期应该受到优先考虑，法学家在这个过程中应当做的是在可能的范围内尽自己最大的努力保护一切社会利益，并维护社会利益之间的和谐。

在庞德看来，法律最重要的是要适应社会的需要，法律的最终目的就是要增强和保证社会的根本利益，而司法、立法、行政和法学等活动均是在调整各类关系，协调各种各样交叉的权利诉求；同时探索一种方法，使人类的诉求能够得到最大限度的满足而又能将损失降到最小。庞德这样不遗余力地强调社会利益保护、利益平衡和利益协调的观点，对企业社会责任的理论发展提供了思想基础。

二、现实主义法学

现实主义法学和实用主义法学之间有分歧，不过它们的哲学基础是相同的。它们都强调法律的最终效果，同时指出法律是对社会利益进行分配的工具。法律具有协调和平衡各种关系的作用。

现实主义法学是一种法学思潮，内部也有分歧，不过在对当时美国的法律制度批判上却是不遗余力的。现实主义法学的代表人物卢埃林（Llewellyn）这样讲：所有的法律都是在资源稀缺的原则下运行的。无论何时何地，社会管理最终能够得到的资源是极为有限的。所以在他看来，法律的社会控制在一定意义上有工程学的味道，需要在稀缺的资源之下，以最小的付出来获得结果的最大化。

事实上，大法官卡多佐（Cardozo）也认为，法律本身是社会成员在其行为和相互关系中要遵循的原则。法律之所以要被人们遵守，是因为它能给人们带来便利和防止浪费。他强调，法律的最终目的是社会利益，这才是问题的关键。从公司法的发展来看，确实受到了法律实用主义和现实主义的影响。

三、经济分析法学

经济分析法学是 20 世纪后期在美国兴起的法学流派，它以功利主义为其哲学根基，上承现实主义法学，对法学理论和实践的发展产生了广泛的影响，对侵权法、劳动法和公司法等部门法学的理论发展和实践做出了很大的贡献。

企业履行社会责任是要拿出利润来承担这个责任，从一定意义上来讲增加了经营成本。但事实上，在整个过程中，也是有利润回报的。从整个企业的发展状况来看，其履行社会责任并没有像人们担心的那样降低经济绩效。

针对该问题，美国著名的学者斯蒂芬·P·罗宾斯（Stephen P. Robbins）做过研究。他考察了美国一组看重社会责任的证券基金，与其他基金进行严格的比较，发现这一基金公司注重社会责任，深受人们喜欢。他们的投资完全光明正当，不做违法或者有害于社会的暴力行业。经过分析得出的回报率是这样的：在1986—1990年这几年里，这一组证券基金的成绩与其他基金的平均水平持平。其中，有一家公司因为中途出现药品中毒事件，而迅速将药品从市场撤回，赔偿消费者所有损失，赢得了一片好评，增强了公司的信誉。

四、社会分析法学

利益与人、法律有着密切的关系，社会分析法学中利益是其重要的范畴之一，社会分析法学派的利益观之中，社会本位又是其重要的价值观之一。用社会学的角度审视法律问题是其重要的方法。

当前构建和谐社会成为我国政府新的历史任务，而从社会法学派的观点来看，它与经济法一以贯之的社会本位理念以及经济法的平衡、协调之功能有着诸多的契合之处。它所追求的社会效益不只是局限在经济利益的范围之内，同时也涉及社会福利、人文和自然环境、人的自由和自身价值等诸多因素的优化和发展，社会性是其本质特征。它与公共性、公益性、干预性相联系。它调整经济关系的最高目标应当是保障国民经济能够平稳、持续地发展，即平衡各种利益需求，并加以协调，使得经济生活中的各方主体利益在其中取得某种平衡和一致，成为经济发展的调节器和平衡器。

社会分析法学中利益法学学派认为法律是保护"社会利益"或"共同利益"的，反对威胁"社会利益"的个人利益，他们将协调法律秩序范围中的各种利益作为法官的主要职责之一。由此观之，社会分析法学对于公司社会责任的构建有着一定的理论影响。

第四章　企业社会责任的价值审视

在经济全球化的时代背景下，企业逐步向国际化经营的方式转变，企业的社会责任也就因此成为企业发展环节中不可忽视的重要组成部分。对于任何一个企业而言，其所承担的社会责任都会与其自身的价值之间存在着错综复杂的关系，要想对这两者之间的影响作用关系进行研究，就不仅要深刻挖掘企业社会责任的内涵、意义，更要详细透彻地了解企业社会责任的价值。本章分为企业社会责任对人的价值、企业社会责任对企业的价值、企业社会责任对社会发展的价值三部分，主要包括企业社会责任关系到人的物质发展需要的满足、企业社会责任关系到人的精神发展需要的满足、企业社会责任可以有效调整企业资本结构动态、企业社会责任的目标选择决定企业发展的向善性、企业社会责任理念决定企业经营策略的科学性、企业社会责任的承担推动企业价值的整体提升和影响企业的国际竞争力、企业社会责任与构建和谐社会的关系等内容。

第一节　企业社会责任对人的价值

企业社会责任的承担能够满足企业和社会发展的需要，在这满足需要的过程之中，又关系到人的发展需要的满足。社会发展所创造的所有的物质与精神成果，都在为人的发展而奠定基础，提供全面的保障。而企业承担社会责任对人的发展价值主要体现在物质层面和精神层面。

一、企业社会责任关系到人的物质发展需要的满足

企业社会责任关系到人的物质发展需要的满足，若企业不能承担社会责任，那么人的物质发展需要就得不到满足。从责任内容上看，若经济责任没有承担，人的基本的生存需要得不到满足，作为个体的劳动者付出了劳动得不到回报，那么劳动者就没有生产资料用于物质的发展；若法律责任没有承担，作为个体的人在法律层面中的权利和义务得不到保障，会对其利益造成无法挽回的损失，满足

不了人的物质发展需要；若道德责任没有承担，因为道德责任带有一种自愿性质，是在法律义务之外对人们提出的更高的道德要求，所以承担道德责任会比不承担道德责任更能促进人的物质发展需要的满足；若生态责任没有承担，则会破坏人们的生存环境，对人的物质发展造成难以逆转的后果。若企业承担起社会责任，那么人的物质发展需要就能够得到满足，人的物质发展需要就是对生产力的需要。从企业创业的初衷来看，企业的创立是为了满足人对某种产品的需要，是社会分工的体现，所以企业履责能够满足人的物质需要。从哲学角度上说，马克思将人的发展需要划分为生存、享受和发展需要；而马斯洛的人类需求理论又将人的需要细化为了五种需求，即生理需求、安全需求、社会需求、尊重需求、自我实现需求。因此，人发展的前提就是满足生存需要，而生存需要的满足最直接的方式就是生产力的发展，生产力从一开始就是社会发展的动力，生产力的发展推动社会的发展，社会的发展就是作为个体的人的发展，因此生产力的发展对人的发展起着决定性作用。

企业作为生产力发展的载体，是生产力的直接体现。从工业革命开始至今，人类每一次生产力的巨大飞跃都是以企业为载体，依靠企业的变革与发展来完成的。而企业在发展的过程中满足了人的物质发展的需要。企业生产出的产品满足了消费者的物质需要，企业生产过程中产生的利润满足了利益相关者的物质生存需要。生产力在其中起到的作用是根本意义上的工具性质作用。满足人的物质需要是满足人的精神发展需要的前提。

二、企业社会责任关系到人的精神发展需要的满足

企业社会责任关系到人的精神发展需要的满足，企业在履行社会责任的前提下能够满足人的精神发展需要，而精神发展需要的前提就是实现人的自由。马克思认为人的终极追求是每个人都能自由且全面地发展。从企业发展角度来说，随着生产力的发展，企业履行社会责任能够减少员工的劳动时间，相应的自由时间增加，就能够促进员工的身心发展，员工是企业中的劳动者和社会中大多数个体的代表，企业履行社会责任能够满足人的精神发展的前提需要。

人的精神发展需要最直观的就是道德发展，企业在发展过程中要以道德为根基，"商才离不开道德"是涩泽荣一的主张，他认为"偏离了道德的诈骗、浮华、轻佻等，只是卖弄小聪明而已，算不得真正的商才"。企业的盈利必须伴随着道德，二者必须并列而立，这样国家才能得以健康发展，个人也才能够得到发展。而企业承担社会责任能够满足人的道德发展需要，企业是人的意志实现的载体，

个人道德的进步会推动企业社会责任的承担，而企业社会责任的承担又能满足人的道德发展的需要。企业在生产经营过程中承担社会责任的实践活动就是对人的精神需要的满足。

马克思认为社会主义的最高目标是实现人的自由而全面的发展。而人的精神层面的最高追求也是自由且全面的发展，企业承担社会责任能够推动企业和社会的发展，二者发展的最终收益的个体就是人，作为独立个体的人是存在于企业和社会之中的，企业承担社会责任在满足了人的物质需要后，还能引导人的精神层面的发展。我国古代儒家思想的仁义礼智、当代日本的"义利观"、我国新时代下所倡导的社会主义精神文明都是作为个体的人的精神上的高层次追求。因此，企业社会责任的承担能够满足人的精神发展需要。

第二节　企业社会责任对企业的价值

一、企业社会责任可以有效调整企业资本结构动态

（一）资本结构动态调整的内涵

资本结构动态调整表示的是企业实际资本结构向目标资本结构靠拢的过程，这一过程耗费的时间越短，则越有助于实现企业价值最大化。对于是否存在目标资本结构，有学者曾提出过质疑，但大部分学者都持肯定的态度。资本结构动态调整的理论基础是动态权衡理论，该理论是在 MM（即美国经济学家 Modigliani 和 Miller 的简称）理论、静态权衡理论、优序融资理论、代理成本理论等的基础上发展演变而来的。

在持续放宽 MM 理论假设的基础上，动态权衡理论考虑到了税收、破产成本、调整成本等因素的实质影响，肯定了企业最优资本结构存在的合理性，并在此前提下明确了动态权衡理论的三个中心思想：一是调整资本结构并不等同于将其固定在某一确定的比例，相反，目标资本结构与其影响因素都是时刻变化着的；二是实际资本结构之所以与目标产生偏差，是因为调整成本的阻挡和随机事件的干扰，当偏离程度危及企业的发展或者调整收益可观的时候，企业也就具有了充足的调整动力；三是从短期来看，实际资本结构会偏离目标资本结构，但从长期来看，二者又呈现相互趋近的特征。

在动态权衡理论的发展过程中，几个关键的发现为后来的研究奠定了坚实的

基础。

首先，基于税盾利益和破产成本建立的动态权衡模型解释了企业所得税、企业价值和最优资本结构之间的关系，认为当杠杆率给定的时候，企业破产的可能性越大，债务的优势就越小，最优杠杆率越低。其次，个人所得税受到了广泛关注，出现了最优债务政策模型，推导发现债务的税收优势很小时，最优资本结构提供的年收益率优势也很小。不过这两个研究都存在一个缺陷，那就是难以回答实际资本结构来回波动的现象。

1989 年，调整成本的概念首次被引入权衡理论的动态性研究，资本结构的波动难题顺势得以解决，那是因为企业的资本结构总是随时间的推移而改变，因此由企业特有的特征所决定的最优资本结构的取值为一个区间，但企业通常不会刻意追求将资本结构稳定在该区间内的结果，因为即便对企业来说，调整成本也是难以承受的，只会根据资本结构的长期目标做部分调整。

基于这样的思想，学者们搭建了一个经典的部分调整模型对资本结构调整速度进行检验，这一部分调整模型为资本结构动态权衡理论领域的实证研究提供了强大的分析工具，在后来的实证分析中应用极为广泛。

（二）资本结构动态调整的影响因素

随着理论结构与层次的不断丰富和完善，学者们对资本结构动态调整的研究重心逐渐向相关的实证分析上靠拢，包括对理论的推导与证明，以及资本结构动态调整影响因素的查找与验证。

1. 企业特征因素

在企业特征方面，企业成长性、企业规模、高管特征、股权集中度、企业性质等都可对资本结构动态调整产生影响。实证结果证实，规模越大的企业，其财务政策越稳定，对资本结构的调整越慢，而成长性强的企业具有更多的灵活性，相对而言其资本结构的动态调整也更便捷。

高管特征包含的信息较为广泛，有不少人对此进行了探索。首先，就具有财务学习经历的 CEO 是否有利于优化企业资本结构的问题，研究发现具有财务经历的 CEO 在企业资本结构决策中发挥了积极作用，可以显著提高调整速度，同时降低资本结构偏离目标的程度。其次，财务经理的薪酬激励作用也是一个积极因素，薪资越高，对资本结构向上调整的促进作用就越大，同时基于我国国情产生的高管政治关联特性，在统计上与资本结构调整速度也具有显著的正相关性。当然，高管特征中也有不利因素的干扰，这源自管理者的自利行为，自利程度越高，调整速度越慢。

2. 行业特征因素

行业因素对资本结构的影响较为直观，除了企业本身的环境敏感度的干扰，大部分企业的资本结构平均每年会向上一期行业资本结构均值调整 44.9%，并且普通机械制造业比电器、医药制造业的调整速度更快。此外，行业竞争程度是不容忽视的关键因素，它在静态和动态两个方面都显著影响着资本结构偏离目标的程度，并且行业竞争越激烈，企业越迫切地想优化资本结构，资本结构调整的速度也越快。

3. 宏观经济环境因素

宏观经济因素方面，国内外学者在经济周期、经济政策与制度、资本市场方面展开了研究，并形成了相对一致的结论，即宏观经济条件良好时，资本结构趋向目标的调整速度更快，资本市场开放与产品市场竞争都加快了资本结构调整的速度。若在省域范围内讨论，则不同省份的企业受区域因素的影响有深有浅，在资本结构的调整上存在显著差异，东部省份的调整速度最快。至于经济政策的不确定性影响资本结构调整的逻辑与方式，行为经济学为我们指明了方向，即人们通常会对不确定的未知事件采取规避的措施，对企业来说，做决策需更为慎重，从而减缓了资本结构向目标资本结构的调整。进一步对宏观经济政策进行细分，可以发现，企业在扩张性的财政政策环境下更倾向于通过内源融资调整资本结构，在面对扩张性的货币政策时更愿意选择外源融资的调整路径。

（三）企业社会责任与资本结构调整的相关研究

1. 静态角度的研究

对于企业社会责任与资本结构的关系，一直是众说纷纭、未见定论。部分学者认为二者之间的函数是线性的，企业社会责任水平与资本结构呈负相关。部分学者认为二者是非线性的"U"型关系，当社会责任未超过临界水平时，企业杠杆率与社会责任呈负相关；当社会责任到达一定高度，企业融资约束局限得到适当的缓和，其杠杆率随着社会责任的提高而同步上升。社会责任与资本结构的这种非线性关系在市场竞争的调节作用下更显复杂，具体表现为只有在市场竞争激烈时才具有显著性。

即便在确认企业社会责任与资本结构线性相关的大前提下，就二者之间如何相互影响的问题而言，实证研究的结论也呈现出两边倒的态势。支持负相关结论的研究认定，企业社会责任表现越好则企业有更多融资渠道，足以使资本结构维持在较低水平上，并且从利益相关者的角度考虑，会发现社会责任高的企业会保持较低水平的负债率以取得利益相关者的信任和支持。更有学者创新性地验证了社会责任的保险属性，认为履行社会责任可以通过降低资本市场摩擦降低财务困境的成本，从而缓解企业高杠杆的问题。而另一阵营的研究则提出了有力的反驳，认为企业社会责任与企业杠杆之间属于正向相关关系，履行社会责任将拉动企业的账面杠杆率提高 1.01~2.23 个百分点。

这些研究从多个视角分析了企业社会责任对资本结构的影响，但证据均是静态的、片面的，尚不足以刻画资本结构的全貌。因此，有学者逐渐尝试从动态的角度展开分析，探索企业社会责任对资本结构动态调整，即调整速度的影响作用。

2. 动态角度的研究

对于企业社会责任通过何种路径影响资本结构动态调整以及影响的结果如何，部分学者认为企业社会责任可以通过降低投资者与企业之间的信息不对称，使企业能够获得投资者的充分信任，而不必保持较快的资本结构调整速度。站在投资者的视角，自然大家都更青睐履行社会责任的企业，愿意进行长期投资；站在企业的视角，则会发现履行企业社会责任可以提高企业与债权人之间非金融领域的信息透明度，他们调整杠杆以降低交易成本的动机更弱，因此履行社会责任的企业具有更高的长期杠杆率和更慢的调整速度。换一个角度，从盈利能力的中介作用切入研究也可以得到一致的结果。以巴基斯坦上市公司为例，履行社会责任的企业有更强的盈利能力，他们不需要依靠债务等外部融资来满足公司发展需要，而是充分利用企业的留存收益，因此其资本结构调整较慢。更有学者创新性地从企业社会责任履行的动机进行解释，发现整体上企业社会责任会降低企业资本结构的调整速度，但细说起来却又有不同。作为企业存续的核心保障，股东始终是最关键的要素，对股东责任的关注会加快资本结构调整速度，但出于提高员工、顾客与供应商、环境、社会公益等主体利益的社会责任反而会阻碍资本结构调整速度。

企业社会责任与资本结构调整速度之间的负相关关系得到了大量学者的支持，并且在对二者的衡量指标进行更换之后结果仍然保持了一致性。以捐赠数量对企业社会责任进行衡量时，企业社会责任降低资本结构调整速度的影响有了新的解释，即履行更多的企业社会责任会减少用于资本结构调整的现金持有，进而导致较慢的调整速度。如法炮制更换资本结构的衡量指标，用市场杠杆率和账面杠杆率依次展开验证，结果都显著为负，且市场杠杆的调节速度对企业社会责任的敏感程度要更甚于账面杠杆。

但是，任何事物都具有其两面性，有学者提出了不同的想法，他们认为企业社会责任与资本结构调整速度呈正相关关系。分析的基础并未改变，企业社会责任影响资本结构调整速度的机制是信息效应，导致结果大相径庭的拐点是研究路径的区别。这些学者认为，企业社会责任通过降低信息不对称，可以降低资本结构调整的成本，进一步提高资本结构调整速度。在此前提下同时兼顾企业社会责任的掩饰效应时，结果依然支持企业社会责任有助于降低杠杆调整成本，并提高调整速度，高企业社会责任的企业调整速度比低企业社会责任的快 12.3% ~13.3%，并且信息不对称性越高，企业社会责任对调整速度的影响作用就越强。

二、企业社会责任的目标选择决定企业发展的向善性

企业社会责任的目标选择能够决定企业发展的向善性，也就是说企业选择承担社会责任能够影响企业自身的发展。"善，吉也"，也就是说善就是好的，《说文解字》中认为善与义、美同义。而"向"是指一种趋势、一种过程，往什么样的方向去发展。企业的向善性就是指企业不断地向"善"的方向发展的一个趋势与过程。

企业发展的向善性是主观与客观的统一，普遍与特殊的统一。

首先，"善"有客观性，企业的发展是不是向善的，必然有其客观的标准，如企业的利润率或者企业社会责任报告。但是，向善的程度会因为评价主体的不同而不同。不同的企业，因为地域不同、所有权不同、企业发展程度不同，向善的程度会有所差异，因此向善性是主观与客观的统一。

其次，企业社会责任发展至今，其责任内容和责任主体与之前相比已经十分丰富、全面，处在当今时代的企业，无论企业的所有权差异还是地域差异，只要能够参与社会生产与再生产，就是企业的向善行为的体现，因此向善性具有普遍性。但由于企业个体存在差异性，需要具体问题具体分析，对具体的向善性分析还带有特殊性，所以企业发展的向善性是普遍与特殊的统一。

企业发展的向善性是公共善与个体善的统一。从责任对象的视角看，企业对社会责任的担当首先具有个体性，当企业承担对员工、股东、债权人的责任时，带有明显的个体善的倾向，这种善是对企业的员工、股东和债权人个体的发展有推动作用的。对企业来说，员工、股东和债权人是企业的利益相关的个体。但对

社会来说，员工、股东和债权人不是只有一种身份，他们是社会中的重要组成部分，与责任对象中的消费者和社区共同组成了社会共同体，从这个角度来说，企业发展方向的向善性带有公共性，是一种公共善，所以企业发展方向的向善性是公共善与个体善的统一。

企业社会责任的目标选择决定企业发展的向善性，企业社会责任的目标就是指企业的管理层在一定时期内希望企业在社会责任方面所要达到的程度，企业社会责任的目标选择决定着企业的发展方向和发展模式。对于企业来说，目标选择的差异直接决定了企业发展方向的差异，从目标的作用来看，一是能够指明企业发展的方向，能够引导组织成员行动统一、方向一致。二是具有激励作用。目标是激励组织发展的重要源泉，只有明确了发展目标之后，才能充分调动员工工作的积极性。如果员工能真正感受到自己是在为社会的进步、国家的富强、人们生活水平的提高而工作，就能产生一种要努力工作的内在动力。三是具有凝聚作用。凝聚力是使组织成为一个多成员的联合体的重要因素。当组织目标充分体现组织成员的共同利益，并与组织成员的个人目标保持和谐一致时，它能够极大地激发组织成员的工作热情、献身精神和创造性。

企业社会责任目标的选择，对企业来说，可以选择承担对应的社会责任，也可以选择无视社会责任。但是，选择承担和无视社会责任对企业发展的结果是不同的。如果企业在发展的过程中能够承担对股东、员工、消费者、债权人和社区的责任，那么这个企业在社会中就能够更加顺利地获得社会成员的支持，在企业遇到困境时，股东会加大对企业的投资，员工会更加积极努力地工作，债权人会增加对企业的贷款，在一定程度上能帮助其渡过难关，一旦企业获得了社会大众的支持，那么这个企业的发展壮大将会是理所应当的。反之，如果企业选择无视社会责任，以发展的眼光来看问题，或许在前期将会节省一部分费用，但企业的发展并不是一帆风顺的，在需要社会帮助的情况下，社会更倾向于选择帮助那些对社会发展有利的企业，正所谓"得道者多助，失道者寡助"。

从企业自身的发展方向来看，企业选择承担相应的社会责任，首先能够确保其持续创新的能力。一方面能够使组织内部形成学习型和创新型风气，另一方面能够提高员工素质，二者共同作用让企业的关键性技术在单位内部实现创造、分享与进步，既提高了创新能力和学习能力，又帮助企业形成持续创新发展的模式。其次能够增加企业的战略预见能力，企业通过履行社会责任，能够更大程度上了解客户需求的变动、市场关注度的变动以及竞争对手的变动，进而有充足的时间分析局势，有规划地分配资源，调整战略目标和关注点。通过积极地承担社会责任，充分发挥企业战略的预见性，能够帮助企业占据市场先机，从而获得发展。最后也是最重要的一点，就是企业通过承担社会责任，能够使企业绩效得到提高，企业社会责任对经济绩效的影响体现在两个方面，一方面影响企业的现期收入，另一方面通过企业品牌、企业形象等外部作用影响长期收入。企业社会责任与绩效的关系研究者众多，通过国内外学者的研究结果可以了解到，企业社会责任履行状况好的企业，其经济利润也会更高，也就是说企业社会责任的承担在一定程度上可以转化为企业的竞争优势，提高企业的竞争力，从而对企业的发展方向起到有力地推动作用，如果企业将社会责任融入企业的目标中去，会有利于企业发展方向的向善。由于向善性是主观与客观的统一、普遍与特殊的统一，所以企业的目标选择对向善性的影响需要具体分析，但总的来说，企业社会责任的目标选择能够决定企业发展的向善性。

三、企业社会责任理念决定企业经营策略的科学性

企业社会责任理念决定其经营策略的科学性。企业经营策略的科学性的内涵有两方面，一是企业决策的科学性，二是企业管理的科学性，二者相互作用，共同构成了企业经营策略的科学性，通过科学决策与科学管理，实现企业的目标。

企业社会责任理念能够推动其决策的科学性。决策是指为了达到企业的目标，对若干个备选方案进行选择的行为。

首先，企业决策具有未来性，这是决策的基本特点。未来性是指决策的着眼点是对企业未来的发展方向有着正确的判断，而这种判断是基于对过去和现在企业所处的现实情况的充分了解，企业一旦树立了这种承担社会责任的理念，那么企业与社会中责任对象的交流就变得充分与信任，那么企业在生产经营过程中得到的反馈信息就会具有真实性，基于这种真实性，企业管理者对企业的正确判断就得到了保障。

其次，企业的决策具有优选性，决策的分析是一个选优的过程，而不是单纯的理性决策，也就是说企业不是单纯为了某一个经济目标或者利润目标，而要考虑企业应当承担的道德责任或者环境责任，考虑应当承担的消费者责任和社区责任，将企业的社会责任融入决策中去，择优选择对社会和企业发展都有利的经营策略，这样才能推动企业的可持续发展。

最后，企业的决策具有系统性，这就要求管理者应当从系统的角度把握企业中各要素之间的相互关系，努力完善和平衡企业中的不同要素，树立承担社会责任的理念，对不同责任对象都要做到负责与平衡，那么管理者所做出的决策就是

对企业的发展有推动作用的。决策的科学性体现在未来性、优选性和系统性中，而企业承担社会责任对决策的未来性、优选性和系统性起到推动作用，因此企业社会责任的承担理念能够推动企业决策的科学性。

企业社会责任理念能够推动企业管理的科学性。企业管理层面的科学性的实质在于将科学的思想和方法自觉地引进管理，从管理发展的实践层面来说，工业革命以来以泰罗的科学管理原理为代表的管理方法推动了企业的发展。这种科学的管理方法的初衷是想通过规范化、定量化、最优化来促进企业的生产效率，也就是将人看作机器，不带有感情色彩，但随着管理理论的发展，人性假设的不断演进，人本管理已经成为基本的管理理论，这也是企业管理科学性的体现。企业确立了承担社会责任的理念，就是确立了对责任对象的担当，而以人为本的管理理念确立了人在管理过程中的主导地位，管理的科学性在于如何发挥人的主动性、积极性和创造性，发挥人的主动性、积极性和创造性的方法就是满足人的需要与激励，这里的人的需要就是指员工的需要、消费者的需要和社区的需要，而满足这种需要就是企业承担社会责任的表现。也就是说，企业承担了这种社会责任，不仅能满足人本管理的要求，又能推动自身的发展。从结果论来看，企业社会责任的承担能够推动企业的科学管理。

企业经营策略的科学性体现在科学的决策和科学的管理，企业社会责任的承担能够推动决策的科学性和管理的科学性，因此企业社会责任的承担能够推动其经营策略的科学性。

四、企业社会责任的承担推动企业价值的整体提升

（一）企业社会责任的承担能推动企业价值的整体提升

企业价值有两方面的含义：第一个方面是企业的现实价值，即可以被货币衡量的价值，从经济学的观点看，企业也是一种商品，商品具有价值和使用价值，企业现实层面中的价值是企业被收购或合并体现的交换价值，而使用价值体现在企业生产经营时对资产的增值价值。第二个方面是企业的虚拟价值，随着企业生产经营活动承担了相应的社会责任，体现出独特的行为方式、价值理念、文化底蕴，而这种无形资产所体现出的就是企业的虚拟价值。承担社会责任能够推动企业现实层面的价值提升和虚拟层面的价值提升。

（二）企业社会责任的承担能推动企业现实价值的提升

从责任对象方面来说，企业承担对股东和债权人的责任，保证股东和债权人

的投资能够获得相应的收益，在经济层面能够保证企业有充足的资金来源，在企业面临激烈市场竞争时可以获得资金支持，因此能够保证企业内部的稳定性；企业承担对员工的责任，保证员工的经济利益以及给员工提供职业上升通道，在人本管理的今天，人力资源已经成为企业的核心竞争力，对员工负责就是对企业未来发展负责，拥有优秀的员工能够帮助企业在激烈的市场竞争中立于不败之地；企业承担对消费者和社区的责任，首先要保证企业生产的商品是质量过硬、价格合理的，以及为产品提供相应的售后服务，企业存在于社区之中，对社区应当承担起经济责任和环境责任，企业应努力为社区创造就业机会，并尽企业所能资助学校等。企业所承担的责任内容的受益主体是其对应的责任对象，企业承担相应的社会责任，社会和消费者对企业满意，企业的绩效就会相应增加，社会对企业认可，企业的知名度、抗风险能力和竞争力就会大大提高，其产品销量和利润就会上升，因此企业承担社会责任能够实现其现实层面的价值提升。

（三）企业社会责任的承担能推动企业虚拟价值的提升

虚拟价值体现在企业的无形资产上。

首先，企业的无形资产指的是企业的专利权和商标权等能够提升企业竞争力的资产。无形资产也是企业与社会责任互动的结果，企业对员工担责，提高员工的工作积极性，员工在工作中就会为企业着想，直接或者间接为企业无形资产的增加做出贡献。

其次，企业形象也是重要的无形资产，企业形象是社会共同体对企业的整体印象和评价，是企业日常行为和个性特点在公众心目中的客观反映。企业形象能够反映出企业本身的行为方式、价值理念、文化底蕴和经营模式，彰显企业独特的文化和精神，良好的企业形象还能够为企业吸引更多的资源。从绩效角度来说，良好的企业形象能够增加企业知名度，从而增加产品销售额。一般认为，企业形象有识别功能、管理功能、传播功能、应变功能和文化教育功能。总的来说，企业形象是企业客观存在的表达，一个好的企业形象是生存和发展的根本，在产品市场上，消费者更倾向于购买具有良好企业形象公司的产品，拒绝或者无视没有良好企业形象的企业生产的产品。而企业树立企业形象的有效方法就是承担社会责任，在经济全球化的今天，企业形象其实演变成了企业对社会负责的实践活动，企业社会责任不仅成为社会和市场评价企业的一个重要尺度，而且还成为企业树立形象、提升品牌价值的必由之路。

企业的价值由现实层面的价值和虚拟层面的价值组成，企业全面承担社会责任能够推动企业现实层面和虚拟层面的价值提升，因此企业全面承担社会责任能够推动其价值的整体提升，最终有利于自身的发展。

五、企业社会责任的承担影响企业的国际竞争力

（一）企业国际竞争力的概念和度量

1. 企业国际竞争力的内涵

20世纪70年代，"国际竞争力"的概念出现，关于国际竞争力的理论和应用随时间慢慢成形。国际竞争力从国际贸易的角度，被定义为一种比较优势，这也是最早和最经典的定义；但是从企业的角度，应该被定义成一种能力，如科恩（1989）等提出的企业竞争力应该是使企业能够在这个市场获得利润的能力。20世纪80年代初，在反托拉斯问题的讨论中，世界经济论坛（World Economic Forum, WEF）引出了企业国际竞争力，并指出企业的国际竞争力就是企业在现在和未来的环境中，能够提供比国内外竞争者更高质量的产品、更合理的价格的产品和提供服务的能力和机会。1996年，世界经济论坛与瑞士洛桑国际管理学院（International Institute for Management Development, IMD）合作，提出企业国际竞争力是公司在实际市场上均衡生产出比竞争对手更多财富的能力。

改革开放初期，我国企业还不成熟，无法与国际市场上的跨国公司相匹敌，但随着对外开放程度的进一步增强以及市场经济的支持，企业的经营机制变革、"走出去"的欲望更加强烈，企业也成为参与国际竞争的重要力量。但是，在狭义的定义上，国际竞争力与企业国际竞争力还是存在差别的，企业国际竞争力侧重于以企业为中心的管理竞争力、环境竞争力、技术竞争力等综合能力。王健、张晓媛（2014）梳理了国内企业竞争力指标研究的发展历程，并且在已存在的竞争力评价体系中筛选出了24个明细指标。金碚认为企业竞争力在竞争力市场上是一种更有效的向消费者等提供产品和服务的能力。

因而，关于国际竞争力，我们可以定义为它是一种企业拥有的且能够使企业更有效地参与市场的能力。这种能力区别于其他企业，是即使在国际市场上依然能够发挥效用的特质。

2. 企业国际竞争力的度量

当前，国内存在很多不同的度量方法，这些方法在指标选取和权重配比等方面存在较大的差异，但是一般会综合几个方面进行考虑。2000年，中国企业联合会为了更好地研究企业竞争力设计了主要包括财务状况、经济效益、人力资源、

管理水平、科技水平、国际化经营、社会责任与贡献 7 个方面的企业竞争力评价体系，评价体系共有 26 个定性指标、39 个定量指标。该体系提到的指标虽然全面，但是研究过程中由于所涉及的行业、企业的不同，使得这种国际竞争力的评判方法很难获得普遍适用性。

还有些学者通过主观赋值或者评分的方式构建出一个综合的国际竞争力评价指标，常见的如熵值法、主成分分析法等，这类方法往往带有主观臆断性，很难保证其在公平、客观的前提下得出可靠的结论。

归根结底，国际竞争力需要用一个显性的结果来衡量。金碚在《竞争力经济学》中明确指出企业竞争力应当是企业持续盈利能力和自身发展的综合素质。在企业竞争力的评估中有两个常用的显性指标，分别是市场占有率和盈利率，市场占有率能够反映企业所生产的产品或服务在多大程度上能够被市场接受，而盈利率则反映了企业盈利目标的实现状况。《财富》杂志公布的两大跨国公司的国际竞争的比较正是直接使用了销售额指标。

除此之外，在学术界影响较为广泛的是金碚的《中国工业国际竞争力：理论、方法与实证研究》，在这本书中，金碚明确指出工业企业的国际竞争力表现为其在国际市场上的占有率，市场占有率越大，所获得的利润就会越多，国际竞争力就会越强。2001 年，中国人民大学竞争力与评价研究中心就国际竞争力的研究发表了相关报告，也就是《中国国际竞争力发展报告》，报告中提到公司业绩是国际竞争力的相关子要素中影响程度最高的。

种种研究表明，对国际竞争力进行评价时，学者应当优先选择相关程度最高的业绩指标或盈利指标。由此可见，企业国际竞争力的高低应当从其经营结果进行判断，市场占有率越高或者企业实现的利润越高，企业的国际竞争力就越强。在进行国际竞争力的相关研究时，国内外学者常常使用利润指标描述企业的国际竞争力。拉里（Larry）、兰德尔（Randall）和娥娜（Erna）（1991）提出使用市场份额和利润衡量国际竞争力。王涛（2012）在分析高技术企业国际竞争力时，直接指出"国际竞争力＝盈利能力"，他认为企业利润是国际竞争力最直接的反映。胡华夏、喻辉（2005）认为企业的获利能力最能直接反映企业的国际竞争力，并使用获利指标描述企业国际竞争力。郭百红（2017）通过利用营业收入和利润指标的相对量与绝对量，分析了世界 500 强中的我国企业的国际竞争力以及该企业在国际市场的地位。总而言之，企业国际竞争力的决定因素其实是方方面面的，其相关指标根据是否可以被量化可以分为软指标和硬指标，软指标包括企业家精神、管理水平等，软指标一般通过定性分析解释其对国际竞争力的影响程度；硬指标包括利润总额、资产总额、资产负债率等，这些指标常常被用于实证分析中的指标选择。

结合以上研究可知，国际竞争力强弱可以通过企业利润直接反映，企业利润是衡量国际竞争力的重要指标，鉴于数据的可得性，只能使用净利润作为评价国际竞争力强弱的指标。

3. 企业社会责任与竞争力

根据现有的研究，企业社会责任与竞争力的关系可以被简单地划分为正面的、负面的或者不存在明显影响的关系。对于企业社会责任与财务绩效之间的关系被普雷斯顿（Preston）和奥班农归纳出了六种理论假定：社会影响假说、权衡假说、资金支持假说、机会主义假说、正协同效应和负协同效应。

社会影响假说认为企业在社会责任上的良好表现可以帮助企业提高声誉，降低风险，吸引更多的投资，从而帮助财务绩效提升。权衡假说认为，由于资源有限，企业必须在股东和其他利益相关者之间进行衡量，责任投入的增加会降低财务绩效的表现。资金支持假说与社会影响假说相反，认为有能力的企业才能支付企业承担责任时的成本。机会主义假说认为当企业业绩表现出色时，管理者会通过减少企业社会责任成本来增加自己的短期收入。协同效应的支持者不认同企业社会责任与财务绩效之间存在明显的线性关系，却也没有彻底否定关系的存在。

关于企业社会责任与财务绩效关系的研究也可以根据这六种假说进行解释。例如，国外学者马戈利斯（Margolis）和沃尔什（Walsh）（2001）汇总了160项研究的结果并进行了统计分析，结果发现企业社会责任与财务绩效之间存在正相关关系、没有关系、混合关系及负相关关系的占比分别是55%、22%、18%和4%。国内很多研究也都论证了企业社会责任与财务绩效之间的关系。大部分学者认为企业过多地承担社会责任将会在短时间内对绩效目标有负面的影响，经营者也会怀疑企业社会责任投资是否能够带来积极的影响，但是从长期来看，企业社会责任的承担会为企业创造更多的经济效益。虽然企业社会责任成本的支出会在短期内增加企业成本，但是在某种意义上，企业社会责任的履行增强了企业内部的凝聚力，创建了更严密的内部控制系统，在企业治理和战略规划上具有重大意义。

（二）企业社会责任对国际竞争力的影响机制

企业社会责任能够提升企业的绩效和国际竞争力，所以可以将社会责任转化为企业的一种特殊能力。通过对这种能力的运用，企业能够生产出更具有价值的、更独特的产品，使企业获得与众不同的超额收益。

目前，企业国际化的程度不高，其国际化经营的程度还处在初级阶段，也就是处于依赖出口的发展阶段。虽然部分跨国公司能够在面对激烈竞争时对外直接投资，但是企业在外建立子公司并进行全面管理的现象还不普遍，并且我国部分企业在国外市场还在经受着各种限制，其行为不自由。想要逆转目前的形势，企业唯有在增强自身产品竞争力的同时，体现企业的经营价值，而这种价值也将为其产品或服务增加更多的购买价值。由践行企业社会责任所引起的产品产量和销售量的增加会明显地反映在财务绩效上，而这些影响也将统一表现为对国际竞争力的积极效应。

1. 企业社会责任与利益主体

国内外利益相关者的行为总是能够对企业的经营过程或是经营结果产生重大的影响。无论是在国内还是国外，承担社会责任的企业往往能够获得来自不同利益主体的助力，海外消费者、东道国政府以及海外员工等都将会支持该企业的经营与发展，从而改善企业的财务绩效。

20世纪60年代，在"股东至上"的观念下进行的经济活动遭到了巨大的考验，员工、环境、消费者等利益相关者开始对企业的行为表现出不满，股东利益最大化的目标受到了挑战，利益相关者理论由此产生。利益相关者理论的形成建立在"产权理论"和"契约理论"之上。利益相关者之间的关系也被看作一种契约关系，这是联系不同相关者利益的纽带。而产权理论所讲的是企业某人的产权与其他人的权利不是相互独立的，所以出现了"股东利益至上"的说法。利益相关者理论经历了派别的对立和激烈的争论，认为应该处理好利益者之间的冲突，避免与利益者站在对立面进而威胁自身生存。也就是说，企业不仅应当为股东服务，而且也应当为其他利益相关者服务，突破"股东至上"的逻辑，实现共赢的结局。

企业的本质就是不同利益的结合体，所以企业对于不同的要素主体有不同的责任。企业对股东的社会责任可以从两个方面进行衡量，即企业是否能够合理分派红利、是否对股东进行了及时、精确的报告；企业对员工的责任包括保证福利待遇、改善工作条件等，员工对工作条件及环境的满意度是判断企业是否对员工尽责的重要标准；企业对于消费者的责任主要是提供安全的产品，并保证消费者的知情权；企业对商业伙伴的责任是要关注公平竞争、合同履行等；企业对于环境的责任主要是使用环境认可的资源和能源，降低对不可再生资源的使用，减少经营过程中产生的污染。

作为一个负责任的企业，在走向国际市场的过程中，更容易获得海外利益相关者的信任，获得社会多方的支持。

从股东的角度来看，如果企业可以履行社会责任，那么良好的企业道德和价值观将会吸引更多国家、更多行业的投资者，从而使企业获得更先进的技术、更丰厚的资本，使股东获得更稳定的收益。

从消费者的角度来看，当企业的产品质量或服务有所提升时，消费者满意度将会得到提升，客户源将会得到稳定，好的口碑也会向外展示优秀的企业形象和品牌形象，这会节省其在产品宣传和品牌运营上的成本，进而可以在一定程度上影响企业的国际竞争力。

从员工的角度来看，企业在员工工作环境、薪资福利等方面的改善会减少员工工作的压力，提高员工的工作效率，增加产品的数量或提高服务的质量，便于其在国外市场上占据成本优势或规模优势，差异化的服务也会创造更多的利润；成为优秀的雇主将会吸引更多的人才加入该企业，其内部海外员工的数量也会逐渐增加，企业经营的国际化水平也会得以提升。

从环境的角度来看，在设计、生产、运输、仓储和销售的各个环节严格把关，节约能源，减少各种经济行为造成的碳排放，促使企业成为绿色供应商或绿色生产企业，其产品就可以轻易破解贸易的壁垒封锁，顺利地进入国外市场，拓展企业的生存空间。

从社区的角度来看，企业社会责任的履行，如社区周边公共建设的维护，保证绿化面积、零噪声、零污染等，将会促进和谐社区关系的形成，为企业创造相对安定的工作环境，获得更多公众舆论的支持。

2. 企业社会责任与国际声誉

企业良好的社会责任记录能够向海外市场传播正面的企业形象，帮助企业在海外建立良好的品牌声誉，从而提高企业的海外销售额，改善企业的财务绩效，增强企业的国际竞争力。

鉴于对企业声誉的研究，将企业国际声誉定义为东道国各利益相关方对企业的综合评价，包括对其社会责任履行状况的评价。首先，企业声誉是各群体对企业过去行为的一种认知，是随着时间流逝依赖于企业业绩的一种总体感知。因而，企业声誉带来的影响往往具有滞后性，也就是说，企业当前的行为有较大的可能会在未来的一段时间内通过某种方式，如财务绩效反映出来。其次，对于企业，声誉是一种资产，当企业积极主动地履行社会责任时能够帮助企业在海外树立良好的形象，而良好的企业形象对于企业来说正是一种无形资产。因此，企业对于这种资产的占有和支配将会使企业获得一种竞争优势，而且这种竞争优势是无形的、很难模仿的。

声誉能够提升国际竞争力的另一个论点就是：好的声誉能为企业创造成本优势，如更多优秀的人才愿意以较低的薪酬任职于该企业，也可以吸引更多的投资者，从而降低机会成本。丰布兰（Fombrun）提出企业声誉包含六个属性：声誉表现了企业在组织领域的突出地位；声誉是企业员工等对社会身份的反映；声誉起源于企业过去的资源投入和配置，并作为一种壁垒隔离了企业与竞争者；声誉是一种总体的评价，综合了各方面的看法；声誉能够简化企业绩效的构造，让管理者能够更清楚市场行为；声誉体现了经济绩效和社会绩效两个企业效率。

大量的文献表明，企业声誉不仅会给企业带来财务收益，而且还会带来非财务收益，声誉好的企业比声誉差的企业享有更高的销售增长率和资产收益率、较低的经营风险和更强的竞争优势。企业通过积极承担社会责任可以提高企业在国际社会上的声誉，降低国际市场上潜在的风险，如声誉损失、种种抵制等问题；并且声誉通过对东道国利益相关者的影响，能够增强企业外部相关者对企业的信心，如能获取消费的信任，从而提高国内外的销售收入。企业声誉还可以提高企业的差异化，与外国的竞争对手形成区别，差异化的企业文化和产品将会获得更大的吸引力。过去，企业对声誉维护的努力多体现在产品的发展和海外的品牌宣传上，而如今企业社会责任对企业声誉的影响越来越受到关注。

总体而言，企业社会责任的承担对建立良好的企业声誉是有正面作用的，它能够在各个方面提高企业的国际竞争力。例如，现实生活中，东道国的消费者更倾向于向负责任的公司购买产品和服务，这种企业的声誉和差异化的企业形象能够提高收益。而且，高度的社会责任感能够帮助企业彰显其在国际市场上的独特性，提升品牌形象，这对刚刚进入国外市场、规模较小的企业具有非凡的意义。企业可以通过积极履行企业社会责任建立良好的声誉，借助广大媒体的传播或是消费者的良好口碑而树立企业形象，吸引更多潜在的消费者和投资者。

除了相关群体给予的企业定位，衡量企业声誉的好坏还可以通过各种要素进行判断，主要的声誉要素包括领导能力、管理模式、雇员、风险管理和信息披露等，强有效的信息披露能够加强内部和外部的沟通，提升责任信息的可信度和社会对企业的认可度，最终对企业的国际竞争力产生正面的影响。企业社会责任的信息披露和传播是提升企业声誉的重要途径，不同企业披露信息的差异可以通过信息透明度、信息的性质、信息的内容、信息的质量和信息的强度来表现。

通过社会责任信息的披露和传播，能够消除信息的不对称性，也有助于企业的利益相关者对企业做出正确的评价，从而改善企业与其他利益相关方的关系，使得各方做出有助于提升企业竞争力的行为。

3. 企业社会责任与可持续性

可持续发展是企业获得长期收益的前提，是企业提升国际竞争力的重要保障。企业存续的时间越长，就越能够找到更多的获利机会和可能性。企业的国际竞争力并不仅仅是一时一地的概念，它是一种长期的、动态的现象。在一个资源有限、竞争愈加激烈的世界里，作为重要社会主体的企业的跨国经营和投资行为将会给世界和人类带来重大的影响，认同和承担社会责任对企业竞争力的提升以及人类社会的健康发展都具有重要意义。

可持续发展作为一种战略被提出，它标志着无论是人还是企业都要在行为方式上做出改变，秉持生态持续、经济持续和社会持续的原则为改善人与生态、经济与生态之间的关系做出努力。例如，加拿大的铝业巨头 Alcan 公司在建立清洁能源和低耗能技术改良上投入了大量的资金，通过这样的方式承担企业社会责任，减少了 25% 的温室气体排放，并实现了 40% 的产量增长。因此，可以说企业社会责任是通向可持续发展的途径，它使得企业甚至于企业的产品和服务能够满足社会公众的期望，也能够通过企业社会责任改善企业与政府、公众的关系，创造新的竞争优势。履行企业社会责任要求企业应当在生产经营中关注生态保护，减少污染，完善污染治理体系，使用清洁能源，保障清洁生产；再者，要在生产中做到节约能源，提高生产效率，减少能源浪费。这与可持续发展对企业的要求是一致的，所以企业越是履行社会责任越是能够实现长期经营和持续成长。在可持续发展概念下的企业应当以企业和社会、环境的协调发展为基础。

企业要满足可持续发展就必须有新的投入，企业承担社会责任所产生的成本与企业的可持续发展是辩证统一的。从宏观上来说，企业想要扩大生产规模、提高生产率或者改进工作设备，均需要社会经济可持续发展的支持；从微观上来说，企业承担社会责任能够提升客户的认可度，从而帮助企业扩大产品销路，提高销售和营业收入。因此，企业承担社会责任是实现企业、社会与生态可持续发展的关键，也是提升国际竞争力的重要方式。

通常，一个可持续的商务活动一般会同时追求三种利益：经济利益、社会利益和环境利益。全球永续性报告协会建立了最完善的报告框架，用于衡量企业在经济、社会、环境方面获得的成效，如今世界上大多数的跨国公司都开始撰写和公布自己的可持续发展报告。

承担企业社会责任就是要实现可持续发展，而实现企业的可持续发展才能让企业具有更强劲的国际竞争力。企业的可持续发展需要企业既能保证盈利目标的实现和市场地位的提升，又能在国内甚至国外凡是存在竞争的市场上始终保持一种持续发展的能力，使其在市场和行业中能够长盛不衰。

第三节　企业社会责任对社会发展的价值

企业作为经济和社会发展的重要支柱，和谐社会的构建离不开企业的生产、发展和企业的积极参与，企业的发展也离不开社会的良好环境，和谐的社会环境是企业良性发展的基础，企业社会责任与构建和谐社会的关系是辩证统一和相互促进的关系。

一、企业履行社会责任是和谐社会的内在要求

进入 21 世纪之后，中国共产党多次提出建立社会主义和谐社会，其基本要求是：民主法治，公平正义，诚信博爱，充满活力，安定有序，人与自然和谐相处。和谐社会的建设是每个公民的责任和义务，同时也是企业的责任、政府的责任、非政府组织及社会团体的共同责任。而企业属于社会的一员，其理应成为和谐社会的构建者，理应为其贡献力量。因为它们涉及大量的员工、消费者和其他利益相关者，这些利益相关者分布在各个领域和阶层。社会与自然的高度联系对人类发展有很大的影响。在经济全球化的背景下，和谐社会的本质要求我国企业不仅要承担经济责任，更要积极主动地承担社会责任，包括保护环境、维护员工合法权益、维护消费者利益等，为和谐社会的建设提供支撑力量。在构建社会主义和谐社会的背景下，提出了企业承担社会责任的新要求，赋予企业更大的责任。

中国共产党从中国特色社会主义事业的全面布局和全面建设小康社会出发提出了构建社会主义和谐社会这一重要战略任务。作为社会成员中的重要一员，企业不仅要积极地创造物质财富，同时还应当积极主动地承担属于自己的社会责任。具体内容如下：第一，企业属于专门从事经济活动的单位，其必须承担经济责任。企业的主要属性就是经济性，为此企业要通过合理合法的生产经营活动，为广大消费者提供优质产品和服务，以此获得利润，促进企业的壮大和发展。假如企业经济效益不好，那么企业发展的势头就不乐观，为社会创造财富的能力就比较差，

社会责任的履行必然达不到效果。因此，企业坚持发展，履行经济责任，是构建和谐社会的第一要务。第二，作为一个权利和义务统一的法人组织，企业必须履行自己的法律责任。为了社会主义和谐社会的建设，企业务必要自觉遵守国家制定的法律法规内容，尤其要遵守《中华人民共和国劳动法》的相关规定，积极主动地保护劳动者的合法权益，保护劳动者的就业权和社会保障权，使员工能够参与企业的民主管理，促进和发展和谐的劳动关系；自觉遵守国家有关安全生产的法律法规，切实保障工人的安全生产和职业健康；自觉遵守国家税收法律法规，履行纳税义务，促进生产要素流通，促进充分就业和社会稳定；有意识地遵守有关环境保护的法律法规，自觉保护环境，进行技术创新，在提升自身产业的同时也为环境保护做出相应的贡献。这也是政府对企业在社会主义和谐社会中加强民主法治的要求。第三，企业是经济社会的重要成员之一，务必要承担社会责任。当前很多企业认为，社会是其发展的外部因素，但这种想法比较片面，实际上企业的发展离不开社会，企业对社会的依赖性非常大。人们创造财富的最终目的是提升人类的幸福指数，促进社会进步。因此，企业要具备公民意识，努力提升品牌效应，塑造良好的社会形象和声誉，在公益事业方面多做贡献。同时，企业参与各种公益事业的前提是企业员工自身受到尊重。以人为本是科学发展观的核心，是构建和谐社会的重要内容。企业坚持以人为本，即实现人的全面发展，保护员工的经济、政治和文化权益。企业必须把员工作为最有价值的人力资源，切实贯彻尊重劳动、知识、才能和创造力的原则，充分发挥员工的积极性和创造性。只有坚持以人为本的社会活动，企业才能充分履行自己的社会责任。

二、和谐社会为企业发展提供良好基础

和谐社会指的是社会关系协调发展、人能够得到全面发展、生产力能够得到和谐发展的社会，在这种社会状况之下，人与人之间、人与自然之间、人与社会之间都能够达到和谐共荣，和谐社会是一个兼容共生、结构合理、行为规范、民主法治、公平正义、诚信友爱、安定有序的社会。企业是社会的一部分，社会是企业的"母亲"。任何企业都不能够脱离社会而孤独的存在，企业只有通过自身的发展并对社会做出贡献才能够得到社会的承认和认可，一个和谐的社会环境能够给企业提供优越的发展条件，在和谐的社会状况下，企业的责任意识会得到极大的提高，企业不仅会关注经济利益，争取利润的最大化，而且会十分重视对企业职工和消费者的责任，企业也会投入相关资金进行环境保护，避免"先发展后

治理"的错误道路。社会环境对人的影响是潜移默化的，企业作为一个社会中的企业公民，会受到来自社会各个方面的影响，一个和谐状态下的社会会对企业产生十分重要的影响，所以说和谐的社会环境可以为企业发展提供良好的基础。

企业只有不断完善社会责任的履行，才能实现健康、可持续发展，才能和社会主义和谐社会建设达成真正意义上的互动，企业社会责任与和谐社会建设二者是相互促进、相互统一的有机整体。

第五章　公司法的价值取向

公司法的价值就是公司法要实现哪些价值，它本身包含哪些价值。公司法的价值和公司法制度是相辅相成的。公司法追求什么价值就会要求企业制定什么样的制度去实现公司法价值，公司法制度的不断完善与改进就是为了更好地实现公司法价值。公司法的价值包括效率、公平、安全、诚信、自由、秩序、正义、和谐等。本章分为公司法的一般价值要求、公司法的特殊价值要求、公司法的价值体系配置三部分，主要包括公司法的效率价值、公司法的安全价值、公司法的公平价值、公司法的诚信价值、公司法的正义价值、公司法的和谐价值、我国现行公司法价值配置存在的问题及其原因、我国公司法价值体系合理配置的策略等内容。

第一节　公司法的一般价值要求

法的价值首先是指法律在发挥其社会作用的过程中能够保护和助长那些值得期待、希求的或美好的东西；其次是指法律自身所应当具有的值得追求的品质和属性；最后是指法律所包含的价值评价标准。

一、公司法的安全价值

在不同的历史阶段，社会群体以及个体对安全的需求是不同的。法的安全价值是系统的表现，它规定在法律的各个方面以实现社会个体以及群体不同的安全需求。法的安全价值是不仅保障社会个体或者群体的财产安全，而且也保障社会个体或者群体的交易安全。公司法的安全价值是指公司法制定出来就是为了保证商人的交易安全，商事活动的繁荣多变需要有法律制度的保障。

商人在安全的环境下才能放心交易，安全的交易市场才能保障所有商人成功交易并获得盈利。企业内部各组织、各部门之间的运行也要保证安全，商人才会放心投资，彼此相互合作。有相关的法律保障企业组织运行的安全，企业才能稳定运营,对外进行交易。公司法保障公司、股东、债权人、职工的合法权益安全,才能让企业各利益相关人放心投资经营。交易市场主体符合法律规定,彼此诚信交易,不做违法、诈骗、不诚信的行为,才能保障市场交易安全。

公司法的安全价值首先由强制性的法规来保障企业的交易安全,强制性法规是指公司法明文规定的条款,是企业都必须遵守的法规。其次是通过公示主义体现安全价值,公示是指涉及公司法各利益相关人权利与利益的所有公司对营运信息负有公示公告义务。最后公司法的安全价值表现为严格责任主义,责任有两层含义:一层是指职责、分内要做的事情;另一层是指没有做好自己的工作,而应该承担的不利后果。公司法的安全价值体现在公司法各组织相关人都要做好各自职责的事务,如果没有做好造成损害还要承担相应的责任。

二、公司法的公平价值

"公平"含有公正(正义)和平等两方面的意思,通俗地讲就是得其所应得。古希腊百科全书式的学者亚里士多德把公平划分为分配之公平和矫正之公平;柏拉图将公平等同于正义;伏尔泰的观点则是在自然法面前的平等才是公平的真谛。

马克思主义认为,公平是人在实践领域中对自身的意识,也就是人意识到别人是和自己平等的人,人把别人当作和自己平等的人来对待。公平始终只是现存经济关系的观念化表现。从阶段上看,公平可以划分为起点公平、过程公平以及结果公平。

公司法的公平价值是指公司法各利益相关人彼此的权利、义务是按照各自的投入对等回报的。首先,在权利、义务方面,公司法各主体的权利、义务是公平分配的,不存在权利、义务不公平,部分主体权利被忽视,义务被加重的情况。其次,在利益分配上,公司法各主体都公平地按照投资获得其应有的回报,公平地分配利益。

公司法不能倾向于保护某一方的权益,应对企业内部权力主体进行制约,保障权力不侵害某一方的权益,防止企业内部某些集合体联合对抗其他利益体。公司法的公平价值还体现在权益与责任、风险对等。

三、公司法的诚信价值

"诚,信也""信,诚也",这是关于诚信最早的阐述,出现在许慎的《说文解字》中。许慎认为诚、信的意思是可以互相解释的,要求我们无论是言语还是行为上都要做到诚实和守信，为人处世要诚实，待人接物要守信。

"诚"与"信"两者在古代的内涵存在着微妙的区别。"诚"主要指"内诚于心"，关注于道德主体的内在德性；"信"则主要指"外信于人"，关注于社会化的道德践行，但两者的意思是相通的。正如"诚故信"（《张载集·正蒙·天道》），张载认为诚实自然就有信用，"诚"与"信"之间存在着必然的联系。"诚"起初主要指对天地鬼神的虔诚，后来逐渐倾向于一种真诚的品性。在我国传统文化中，"诚"代表着一种和谐，主要指人、社会和自然相互尊重、相互依赖的和谐；而"信"更侧重于为人、济世、治国等方面，主要是为人处世的品性。

对于企业而言，诚信是指诚实守信用，企业内部各组织、各部门人员在进行商业内部管理的过程中，都要履行诚信原则，以诚实主义义务把企业职责做好，以达到企业更好的运营获利。在企业与外部交易的过程中，对供应商和客人也要遵循诚信经营的原则，保障企业债权人和其他交易合作人都围绕以诚信为经营的环境进行。

法律所不禁止的就是企业可以从事自由的范围，企业的存在是以盈利为目标的，企业主体在自由的环境下才能不断进行经营活动，企业意志在自由的环境下才能真正实现，自由是企业发展的助动力。自由经营和自由参与市场竞争是保障企业提高效率的前提。公司法自由就是法律排除企业各利益相关人彼此之间相互侵害，法律还要排除企业主体自身对自由的滥用，公司法的自由价值需要法律的确认和保障。

四、公司法的秩序价值

秩序是指自然界和人类社会发展及变化的规律性现象。公司法的秩序价值是指为了保障市场活动摆脱偶然性和任意性而获得稳定性和连续性。公司法保障有秩序的市场环境，也保障企业内部组织运行的秩序性。为了维护经济秩序，公司法保护财产所有权，财产权是所有商事活动的起点。公司法严格规定经济主体资格，才能保障市场秩序从基础上开始稳定。公司法保障市场秩序，就要制定相关法律调控经济市场，以禁止性法律严禁经济中偏离正常秩序的行为，同时对市场交易中的生产、分配和交换进行宏观调节，消除生产经营的盲目性。

五、公司法的正义价值

不同时期的国内外学者在特定的历史背景下对正义有不同的理解，对正义的研究性著作也浩如烟海，我们主要从"正义"的词源来把握正义的内涵。

在《辞源》中，"正"是平直、端正的意思，与偏斜相对。类似的，在《说文解字》中，"正"的意思是正直、无偏斜。在《辞源》中，"义"有两个含义，一个是适宜，即合理适宜的事称"义"；另一个是道理、意义。在《说文解字》中有"义，己之威仪也，从我、羊"。《说文解字注》中有"古者威仪字作义，今仁义字用之"。在《古代汉语字典》中，义的本义指"宜"，即合宜的行为语言，宜还指合于道理、公正，又表示合乎正义。因此，综上所述，义的本意就是指自己的礼容、行为各得其宜，指自己肃正的外表、得体的仪表与行为。

在中国，"正义"一词最早出现在《荀子》中："不学问，无正义，以富利为隆，是俗人者也。"这句话的大意是：不学习，就不懂得道理，把财富和利益作为一生的追求，这是俗人。这里的"正义"指的是正义的道理。在西方，"正义"一词最早出现在古希腊神话《神统纪》中，按照这本书的描述，Themis 是正义女神，她是正义的化身，是天和地的女儿，她手持天平，维护天地间的公平、正义；后来 Themis 与宙斯生下了一个手执宝剑的美少女 Dike，Dike 协助 Themis 共掌法律、秩序和正义。古罗马兴起以后，将 Themis 和 Dike 的形象结合，创造出新神 Justitia，她一手持天平，一手执宝剑，用天平来衡量，用宝剑来维持，用以维护天地间的秩序。因此，这里的"正义"指的是确切而适度的法度，是公平、正直。

正义是一个高度抽象的概念，没有单一、具体的正义定义，在著作中几乎找不到正义的一般定义，通常是对其作用、性质及表现的描述。但是我们从上面这些不同的具体内涵中不难发现，正义在本质上是社会实践真善美的集中统一，正义就是合理的、合目的的、和谐的自由与平等。

正义经常和公平、公正、平等的概念紧密联系在一起，但它们之间存在明显的区别。正义相对公平、公正、平等更抽象，它们是正义的基本要求和内容。我们要求正义的必须是公平的、公正的、平等的，因此在概念的抽象等级上，正义的等级要高于公平、公正、平等。我们可以说正义的事是公平的、公正的、平等的，但是我们不能说公平、公正、平等的事都是正义。

公司法价值的正义是指分配正义，保障公司法各权益人都有道德化的机会和自由，保证公司法规则无差别地适用参与市场活动的一些人。

公司法价值中的自由、秩序和公正都是一体的，首先，公司法的制定就是保障市场有秩序，企业内部组织之间有秩序，企业对外进行经营活动有秩序。有秩序就有自由，秩序和自由是一对关系词，没有秩序哪里来的自由，只有规范秩序，企业不滥用权利，才能最终保障企业自由的实现。其次，自由是企业追求的价值，企业追求利润最大化，希望在追求利润最大化中创造最大的自由，这就需要政府放松管制，让企业可以更加自由经营。

六、公司法的和谐价值

"文以明道、和谐安邦"是中华民族五千年灿烂文化的思想基础，时至今日，它依然是中华文化发展的主导思想。和谐文化反映着中国特色社会主义先进文化的发展趋势和时代要求。党的十六大以来，党和政府对和谐文化建设的重视程度达到了前所未有的高度，党的十六届六中全会通过了《中共中央关于构建社会主义和谐社会若干重大问题的决定》，其中提出了"建设和谐文化是构建和谐社会的重要任务"。从根本上看，和谐文化是贯穿思想观念、价值体系、行为规范、文化产品、社会风尚、制度体制等在内的多种存在方式的内在一致性，和谐文化对于实现人与自然、人与人、人与社会的和谐都是不可或缺的条件。这说明和谐社会已成为我国社会的重要追求之一。

具体到公司法，其也必然反映人们追求和谐社会的追求。企业是现代市场经济的重要主体，很大一部分人都融入企业这一主体从事经济活动。因此，公司法所调整的人们的利益关系是全社会中不可忽视的利益关系。毫无疑问，公司、股东、高级管理人员和债权人的利益冲突和协调问题的解决对和谐社会的实现起着重要的作用，至少是和谐社会建设中重要的一环。使公司法不同的利益诉求主体和谐共生，既有利于社会主义市场经济的发展和人民生活的改善，也有利于公司法对和谐社会的建设。

公司法的和谐价值起到规范和促进企业制度良性发展的社会作用，公司法通过相互矛盾的不同利益主体相互协调，达到和谐共处的状态。

从根本上来讲，公司、股东、管理人员、债权人的利益是一致的。若企业经营良好，就如同蛋糕做大，各利益主体都同时获利。但是，由于人无法完全理性，不同人之间的利益也不可能完全相同，不同主体之间的利益又不完全一致，甚至存在相冲突的地方。例如，企业治理中一个重要问题是"代理问题"，也就是使高层经理人员按照企业所有人的利益行事，避免其出资人利益受到企业管理者的侵占。这也说明，企业的运行必须有一定的法律和规则来保障其正常运行，从而使不同的利益诉求和谐共生。

第二节 公司法的特殊价值要求

法的一般价值包括公平、自由、秩序、效率、正义、平等、安全等，每部法律都会存在一般的价值追求以针对性地调整其对应的法律社会关系。例如，民法和商法都包含公平、效率、秩序、正义、平等、安全等一般价值，但是民法与商法又各自都有其追求的特殊价值，以区别于其他法律的不同价值追求。企业是社会营利团体，是以营利为目的而产生、发展的。企业的内外部所有关系活动都是以营利为最终目的。早期的公司法就是围绕实现企业营利最大化的目的制定的，政府制定公司法律规则让企业规范经营，保障市场的安全交易，以促进企业交易营利以及市场繁荣发展。

公司法是围绕实现企业营利目的的最大化制定的，所以公司法的核心就是效率价值追求，是公司法的特殊价值追求。公司法的效率价值贯穿公司法制定的全过程。公司法要制定体现效率价值的规则，使企业的设立章程、申请注册流程、注册资金要求、企业机构章程以及企业内部各机构权责、企业对外经营交易等过程更加简单、便捷，以最大限度地实现企业的营利目的。同时政府建立市场其他相关规定，以保障市场交易的高效运行，促进市场的繁荣发展。商业交易的客观规律必然要求围绕其所制订的法律处处体现效率价值，以实现企业组织营利的最大化，所以公司法的特殊价值就是效率价值。

效率最初是一个物理学概念，其含义为有用功率与驱动功率之比，反映器械做功过程中能量的损失程度。随着研究范围的不断扩大，学科之间相互交融，效率应用于经济学领域，在经济学中效率是成本与收益间的比率，衡量了生产组织实际产出与最佳产出之间的差距。马克思认为以更短的时间创造更多的价值或产品就是效率；萨缪尔森认为效率是在生产中尽可能降低浪费以最大限度地利用资源来满足社会的需求；帕累托则认为效率就是对资源配置的优化，假设在既定资源状态下，资源配置发生了改变，这种改变能让任何人的情况不变坏，并且至少使得一个人变得更好，那么这种改变就是帕累托改进或最优。生产单元是否有效率可以从投入和产出两个角度进行分析：从投入端的视角来说，生产过程中无法继续降低投入来达到既定产出，此时生产单元是有效率的；从产出端的视角来说，在原有投入不变的情况下，无法继续增加任何产出，此时生产单元是有效率的。效率度量了资源利用的水平，即在产出不变时投入最小，或在投入不变时产出最大。

公司法的效率价值是为了实现企业的目的而存在的，企业的本质是追求利润最大化，企业内部所有的关系，企业外部所进行的所有活动，最终都是为了获得利润。获得利润后，企业提升组织效率扩大规模以获得更多的利润，如此循环，以达到企业的效率最大化。因此，公司法的效率价值是指如何以最少的成本消耗获得最大的经济效益。

第三节　公司法的价值体系配置

一、我国现行公司法价值配置存在的问题

第一，效率价值和安全价值在一些公有制企业中没有很好地体现。我国自1999 年公司设立国有独资监事会，是为了实现我国国有企业的安全价值和公平价值，我国 2006 年公司法体现的效率价值使国有企业成为市场组织体，自负盈亏，独立经营。然而，公司法价值配置在适应我国公有制企业的过程中，没有进行很好地安全、效率和公平配置，我国一些国有企业还未能好好转型，成为独立市场主体，企业内部效率低下，完全没有体现市场经济主体的自由竞争，效率优先，一切以绩效、业绩做考核。国有企业机构组织运行低效，职工抱着"铁饭碗"心态，完全没有绩效管理和绩效淘汰制度。国有独资监事会制度在我国公有制企业中没有有效监督董事会和高级管理职员的制度，导致国企亏空，财产流失和私有化，职工权益受到侵害，监事会力度不大。政府在进行国企管理的过程中，注重国有财产保护，而对国有财产的监管方式方法不当，没有起到良好的监管效果，反而影响国有企业的独立自主经营。

第二，我国 2006 年和 2013 年公司法规定的股东大会、董事会、经理、监事会等运行组织忽视了公司法的安全价值，缺少监督条款。公司法只规定了其一些基本职位要求，而没有规定各组织职位实质职责，从而产生很多问题。股东联合董事忽视职工权益和小股东权益，职工工资拖欠、职工权益受到侵害、各企业间拖欠债务情况严重，各企业间的不正当竞争频繁，股东内幕操作控制企业股票价格，董事与股东内幕操作对企业经营进行虚假陈述，对企业其他权益人隐瞒不报，对财务信息进行造假，导致企业内部其他权益人权益被侵害、社会其他相关人利益被侵害、债权人权益被侵害等现象频频发生。股东和董事不以诚信经营企业业

务，对外进行合同欺诈，产品服务侵害消费者，不正当竞争，商业盗窃，技术抄袭剽窃等现象频繁。我国公司法没有从安全的角度对企业权力层董事管理人员和股东建立监督限制制度，没有制定董事职责制和董事股东监督制度进行约束。

第三，对于中小企业，过分注重效率，而忽视了安全。在我国市场经济下，中小企业蓬勃发展，我国 2006 年和 2013 年公司法为实现公司法的效率价值，要求政府进一步放松市场管制，促进市场经济与自由，体现了公司法的效率价值追求。然而也暴露出了一系列问题，如市场产品造假、产品质量不过关、以次充好、假冒伪劣、商标侵权、产品抄袭、不正当竞争、违法广告、传销、企业欠债、商业欺诈、皮包公司、股东纠纷、合同纠纷、财务报告虚假、职工权益受到侵害等市场问题严峻，严重扰乱了社会主义市场经济秩序。同时我国中小企业也面临起步缺乏、资金缺乏、招工难、资金实力和竞争力不如外企和国企、在国企与外企中夹缝生存、银行贷款困难，民间集资法制不全，股票证券市场不发达，企业内部管理机制不完善等一系列问题需要解决。

二、我国现行公司法价值配置存在问题的原因

我国是社会主义国家，新中国成立后曾有 7 年计划经济体制时期。生产、资源分配以及产品消费都归国家规划控制，政府直接干预国家经济，政府工作人员还直接参与国有企业的经营管理，这种管制导致市场活力呆滞。国家这种包生产、包分配、包销售的计划经济体制对我国现在国有企业体制仍然有遗留影响。政府机构超过职责范围、过多参与企业设立和经营会导致企业效率低下，不能体现我国公司法效率价值的追求。

我国公司法按照公平、安全与效率价值进行制度分配，规定了股东大会，董事及高级管理人员、监事会、工会等的职责和义务，规定了有限责任公司、股份有限公司、一人有限责任公司、国有独资公司等的设立和组织机构及规定。我国国有企业应该依照股份有限公司，或者国有独资公司的规定进行设立和成立组织机构，设立董事会、监事会、工会、股东大会等组织，及规定各组织的权力、义务职责。而我国国有企业资产是属于国家所有，政府对国有资产进行监管和对国有企业运营进行监督中，过于政企不分、政资不分、所有权和经营权不分。我国公司法对国有企业的特殊性，没有做到很好的价值配置和制度设计，缺乏相应规定对国有企业财产进行市场资本的确立，政府对国有企业的监督不能影响国有企业以独立市场主体的身份自由参加市场竞争。同时公有制企业制度内部存在董事及高级管理人员变相操作，侵害、占有国有资产，或者侵害职工权益的行为，出

现国有成分企业低价私有化，或者国有成分企业财产转移亏空，效率低下、倒闭等现象。其原因在于没有建立针对董事以及高级管理人员的董事职责制度以及监督制度。针对我国公有制企业的特殊性，我国公司法没有相应的价值理念体现，所以我国公司法并没有做出详细的规定。

我国处于社会主义市场经济初级阶段，为了鼓励我国中小企业的发展，活跃市场经济，我国公司法立法进一步放松市场管制，简化公司注册手续和资金要求，鼓励中小企业自治，提高公司法效益价值，提高公司运行效率。我国公司法虽然一再放松企业管制，却没有制定防止权利滥用的兜底法律。我国公司法过分重视中小企业效率价值，而忽视中小企业承担责任和保障市场安全秩序价值。公司法中关于市场经济安全和秩序的法律规定还不完善。我国出现大量扰乱市场秩序的行为，原因在于我国公司法没有重视安全价值的重要性，对企业组织内部没有配套的监督制度，没有规定董事、监事、高级管理人员的责任和义务。因此，我国公司法要建立市场监督体制，保障市场秩序与安全。

企业的本质就是以最小的成本投入获得最大的商事效率，而商人的本质就是追本逐利，商人在市场竞争面前都想赚最轻松的钱，从历史记载商行为开始，就伴随奸商的产生，他们投机倒把，囤货居奇。商人的这种本质具有破坏性，商人随时可能因为利益在企业组织内部利用权力侵害其他相关人的权益，在外利用法律漏洞侵害债权人、投资人、消费者、上下游供应商、消费者权益，或以不正当手段排挤、打压同行消除竞争以独享市场利润空间。我国目前市场上频繁出现职工权益被侵害、小股东权益被忽视、产品抄袭、假冒伪劣、企业欠债、商业欺诈、不正当竞争、环境污染等一系列扰乱市场秩序的行为，就是因为我国公司法价值体系配置中没有重视商人本质的破坏性。针对商人的破坏性，我国公司法应该制定一系列监督制度，保障企业组织的运行安全和利益相关人的权益安全，保障市场经济秩序的安全。我国公司法要重视安全价值的追求。

我国市场经济制度要体现真正的公平价值和自由价值。我国中小企业面临竞争困难和资金缺乏，而我国国有企业有国家财政支持和银行支持，在市场竞争中也有专营保护。进入我国的外企本身具有雄厚的竞争力和资金实力。我国公司法应该明确市场主体的竞争公平性，中小企业和国企、外企要站在同一水平线上公平竞争。我国政府对中小企业的支持力度不够，使其没有能力与国企和外企公平竞争。银行因为考虑中小企业数量众多、诚信度不够，所以给中小企业贷款的力度不大。而中小企业诚信度不够的深层原因就是资金缺乏。国外经济市场都有非常完善的融资市场。我国公司法不重视企业融资制度，没有相关促进和保障企业融资的法律规定。我国融资市场不发达是直接遏制中小企业发展的重要原因。我国对于民间融资进行打压，因为民间融资利息过高，存在诸多违法行为。这就要求政府应该制定相关的融资法律，规范融资市场，鼓励、促进融资市场的发展，促进企业融资。中小企业有了资金来源就可以扩大生产，进行企业创新，企业就会更加考虑自身的长远健康发展，不会选择制造低端产品和抄袭模仿，就会自主健全商业道德和诚信环境。我国公司法价值配置中要体现公平价值，公司法要规定企业融资法律的健全。我国公司法要加快完善信用信息公示制度，建立健全市场诚信体系，依法维护市场秩序。

我国公司法没有重视安全价值对企业财产和所有权益相关人权益的保障，以及对市场和公众的保障。我国公司法要有一套保障利益相关人权益安全的监督制度，监督企业财产的安全以及运营，同时监督企业董事职权不滥用，建立保障安全的报告制度、公示公信制度。保障企业内部各利益相关者和外部债权人、投资人、消费者等的权益安全，才能既保障我国公司法效率价值的实现，又保障所有人权益的安全。

三、我国公司法价值体系合理配置的策略

现代社会的企业组织是社会的主要组织团体。企业组织生产商品、研发技术、促进生产力发展与科技进步、改善人们的物质和精神生活水平。企业构成各行各业服务社会，企业占有社会大多数资源，同时也为整个社会提供服务。企业的核心价值在于企业营利创造财富。目前，我国市场经济发展中出现的一系列问题，要求我国公司法在重视效率价值支持企业充分自由进行市场经营时，还要监督企业的其他方面。现代社会股东投资分散，董事和高级雇员是一家企业的核心权力和经营决策层。企业组织内部各利益相关人的权益保障、市场秩序以及企业外部各利益相关者的权益保障、社会公众权益以及环境的保障，都需要社会监督企业的董事以及高级雇员。根据对德、英、美公司法的经验借鉴，我国企业治理应该建立股东大会、监事会，股东大会对企业董事权力进行监督，以保障企业内部各类型股东、职工的权益。同时我国公司法应该建立法律监督制度、公示以及诚信制度保障企业组织经营行为不扰乱市场经济秩序、不侵害消费者权益，保障企业利益相关人、顾客、供应商、同行、社区等权益公平以及环境安全。通过公司法的安全价值来实现公司法的公平价值追求。公司法和社会应共同努力提倡企业承担社会责任，使企业存在的最终目标是以创造的财富、技术服务社会。

通过研究和借鉴国外公司法价值体系的配置，我国应该以效率价值为主线、

以安全价值为辅助来对公司法价值体系进行合理配置，实现交易市场的诚信公平，提倡企业创造的财富最终回馈给社会，实现社会正义，提倡企业承担社会责任，从而更好地服务于社会公共利益。为更好地促进我国公司法价值体系合理配置的实现，可以借鉴以下两点策略。

（一）制定实现国有企业效率和安全价值的监督制度

第一，国有企业以效率为目标进行改革，建立企业财产监督和运营制度报告，防止国有财产流失。确立国有企业市场的主体地位，建立现代企业制度和绩效制度，同时国家财政要放开支持，使国有企业成为一个自主盈亏的独立市场竞争主体。在市场经济中，国有企业要破除垄断地位，要自主经营、自主销售，以独立的个体参与市场竞争，政府不能给予国企特殊通道，允许其他成分的企业与国有企业公平竞争，体现市场经济的自由与公平，体现国有企业制度的效率化。

第二，建立一套体现公司法安全价值的监督制度，企业内部需要建立监管制度和公示公信制度，董事和企业管理人员要尽"忠诚责任"和"注意义务"，要有"竞业禁止"义务。建立董事会责任制度，使权责对应，防止管理人员贪污腐化。建立监督制度，监事会职工要有一定比例，保障职工权益。监事会职工代表监督董事会以及高级管理人员是否关注全体职工权益和待遇的提升。监事会监督董事会和高级管理人员是否尽职责促使企业成功运作，防止董事会成员利用职权谋私人利益，侵吞企业财产。防止董事和大股东合作忽视和侵害企业小股东以及其他权益人的利益。股东大会对董事会进行监督，保障股东的投资能够获得回报，听取董事管理人员工作报告，关注企业运营以及财务情况，关注其自身股东权益是否受到侵害和忽视。企业要有社会责任报告，保障企业外部利益相关人、债权人、投资人、消费者、公众以及社会、环境安全。公司董事、股东以及监事会定期向社会外部进行企业有关信息披露，保障利益相关人的权益安全。

第三，完善信息披露制度和公示公开制度，辅助公司法安全价值的实现。要建立一整套公示公开制度，保障所有的信息都在"阳光下"。这样企业所有权益人都能充分了解企业经营信息，防止自身权益被侵害，也能防止企业权益人去侵害他人权益，促进所有企业诚信经营，体现公司法全面保障所有人权益安全和公平的价值追求，同时也能保障市场秩序有序进行。公示公开制度的具体表现包括企业财务报告公开、企业股东交易信息披露、董事决策信息内部公告、企业运营计划部分公告社会等。

（二）制定体现中小企业自由价值和安全价值的制度

第一，建立效率和自由体制鼓励中小企业发展，公司法对中小企业立法，应该全面放松市场，促进和保护中小企业的发展。建立一套效率制度，鼓励中小企业自治，建立中小企业诚信经营制度。公司法要制定便捷高效、条件适当、程序简便、成本低廉的公司设立程序。同时建议公司法对中小企业进行授权管理，鼓励中小企业自治，建立自由价值让中小企业自由发展。为了保障市场秩序，防止中小企业对自由的滥用，必须建立市场诚信经营体制。

第二，建立市场经济公平竞争体系，保护中小企业发展，政府扶助中小企业与国有企业公平竞争。鼓励银行发展多形式的中小企业贷款制度，建立诚信贷款制度等。建立市场融资制度，规范融资市场，鼓励银行和民间资本进入融资市场发展融资贷款。为我国中小企业的发展提供机会，更好地实现公司法的公平价值和效率价值。

第六章 国外企业社会责任的公司法实践及其启示

基于国际视角，厘清当前我国社会责任的履行困境，通过对其他国家企业社会责任的公司法实践进行考察，提升我国企业社会责任的有效实践。本章分为美国企业社会责任的公司法实践、英国企业社会责任的公司法实践、德国企业社会责任的公司法实践、欧洲企业社会责任的公司法实践、日本企业社会责任的公司法实践、国外企业社会责任的公司法实践对我国的启示六部分，主要包括美、英、德、欧洲和日本企业社会责任的公司法实践历程、特点和内容等内容。

第一节 美国企业社会责任的公司法实践

一、美国企业社会责任的公司法实践历程

美国企业社会责任法律制度是目前世界上最完善的企业社会责任制度，但是美国对于社会责任制度的发展也是经历过许多坎坷的，在理论上经历过几次旷日持久的论争，如著名的"伯利—多德论战"。在具体的司法实践上，也同样出现过一些影响较大的例子。经过调查研究，美国企业社会责任的公司法实践主要可以分为以下几个阶段。

20 世纪 30 年代以前，在司法裁判中，法院几乎都会严格遵循越权原则和股东利益至上原则来进行裁判。例如，1881 年的"戴维斯诉旧殖民铁路公司案"和 1919 年的"道奇诉福特公司案"，特别是后者，在判例法上确立了股东利益至上原则，即设立公司的主要目的就是为股东谋利，如董事在履行职责时不顾股东利益而维护他人的利益，法院则会认为该行为无效，这对美国企业社会责任制度的发展产生了巨大的负面影响。以上原则的确立导致企业经营的目的保持在仅为股东谋利，严重阻碍了企业社会责任的发展。而后，当法院开始适用利益原则

进行裁判后，实践中才逐渐认为企业应当承担社会责任。根据利益原则，只要企业在做出履行社会责任的行为时，可以表明并且有理由相信是具有为企业增加利润的目的的，则该行为就可以受到认可。该原则的确立直接提高了企业对于承担社会责任的积极性，使企业可以更加积极地承担社会责任。

20世纪30年代后，美国企业社会责任制度得到了进一步的发展，如"伯利—多德论战"，两位教授对于企业社会责任进行了旷日持久的论争。在判例法方面，在1953年的"史密斯诉巴罗案"中，法院在判决中认为即使公司章程中未规定捐赠的目的，企业履行社会责任的行为仍然有效，即公开认可了企业履行社会责任的行为，也使该案被称为企业社会责任发展史上一个具有里程碑意义的案件。而后，随着企业社会责任理论和实践的不断发展，产生了一系列的学说、立法与判例，极大地促进了美国企业社会责任制度的发展。

20世纪80年代，美国出现了一场大规模的恶意并购事件，这些并购给股东们带来了丰厚的利润，也给其他非股东的利益相关方造成了极大的损害，导致了工人下岗和工厂关闭，从而造成了严重的社会危机。这一现象在美国政府中引起了极大的关注，也推动了美国企业社会责任法律的进一步发展。在这一背景下，宾夕法尼亚州于1983年年末修订了公司法，要求企业的管理层在做出有关决策时，不仅要对企业负责，而且还要对更广大的股东承担责任；强调了企业是一种社会组织，它在赢利的同时，也要对员工和其他有关的人负责，这就是利益相关者的条款。美国学者关于这一条款争论不断，从理论上来说，大致可以分成两种。支持者们相信，利益相关者条款能够推动企业的发展，进而提高整个社会的收益。如果违背这一条款，将会受到法律上的制约和惩罚，同时也为法院明确承认非股东在企业中所享有的利益提供了立法层面的内在合法性支持。而反对的人则认为，利益相关者条款要求董事在做出决定时要顾及其他利益相关者的利益，从而削弱了对股东的保护，从而使股东和利益相关者的利益冲突很难很好地解决，而且在商业判断规则的保护下的董事决策和利益相关者条款的规定模糊，这就使得法院很难对董事的行为进行审查和决定。尽管学术界对此争议颇多，但这一条款推动了社会责任理论的进一步发展，换言之，这种法律也得到了广泛的认可。

此后，其他州也逐步完善立法，至20世纪90年代末，已经有29个州有类似的法律。至2003年年底，在公司法中规定的利益相关者条款中要求企业决策时考虑利益相关者的州已经达到了41个。这项条款为美国的企业社会责任制度提供了法律层面上的指引，对美国企业社会责任法律制度的发展起到了重要作用。

二、美国企业社会责任的公司法实践特点

（一）对社会、社区做贡献

企业直接对社会、社区做贡献是美国企业社会责任的公司法的明显特征，包括特别资助的形式，如救济金或员工志愿项目。作为总体政治和文化体制的结果，企业社会责任通常是指"企业市民"这个方面，即反映企业在一个社会的位置及地位和企业与政府、特殊利益群体、民间团体以及其他企业如何相互影响。

（二）具有市场性特点

具有明显的市场性也是美国企业社会责任的公司法呈现出来的特征，因此企业社会责任的讨论集中在资金回报方面。但是研究表明，在利润和企业社会责任活动之间的直接和确定的关系还没有明确的结论。尽管在美国"经营是企业的天职"的观念仍然很普遍，但是为了创造企业价值，企业越来越认识到，除了股东利益，相关者的利益和需求也是重要的。

（三）注重社会和道德

美国企业受到的管制不如其他发达国家那么严格，企业社会责任的公司法不仅仅局限于遵守法律，还包括社会和伦理的抉择。在美国，"三重底线"是企业通往成功的商业道路上需要履行的一项责任。与此同时，利益相关者也越来越期待企业在获得利润的同时，也为人们和社会带来更大的可持续发展的经营结果。美国企业社会责任的公司法往往是由不同的利益相关者（工会、非政府组织、竞争者、供给链、客户、雇员和社区）所施加压力的结果。因为美国缺乏完整的企业社会责任概念以及内容，因此最好将企业社会责任解释为所有利益相关者体系需要的总和。

三、美国企业社会责任的公司法实践内容

企业社会责任观念起源于美国，于 20 世纪 20 至 60 年代出现萌芽。20 世纪 60 年代，由于美国工业化发展导致了一系列资源环境破坏的问题，使社会的公共利益也遭到了侵占，引起了社会各界谴责企业只追求利益而不顾社会影响的行为。垄断资本主义时期，美国实行国家直接干预对经济进行调控的政策。国家干预主义为新形式的政府干预提供了可能，出现了企业社会责任政策。

（一）为企业和利益相关者提供支持

随着时代的发展，美国政府对企业社会责任管理的要求以及与商业界的沟通

也在不断增长。美国企业社会责任政策对企业和利益相关者的支持主要体现在三个方面：首先，美国政府通过不同的企业社会责任指南在公共领域提供政策指导，并设立咨询公司、审计公司、公关机构和能够协助起草企业社会责任报告的公司。美国国务院经济与商业事务局领导一个企业社会责任团队，主要负责促进负责任的商业实践和可持续发展，该团队为美国公司及其利益相关者提供参与企业公民身份的指导。美国量刑委员会为工会、企业、行业组织和信托基金等组织提供指导方针，如企业在向美国证券交易委员会备案的时候须披露气候变化的相关信息。其次，美国政府也会采取惩罚手段，法律监管相对严格。美国政府历来重视通过法律法规监管社会公共领域，依赖法律诉讼解决问题，所以美国偏向于用法律处理社会责任问题。目前，美国的企业社会责任法律体系已经相当完善，政府监管模式也非常严格，并以规则为导向。

尽管美国和英国都是自由市场经济国家，但它们的法律制度却各不相同。美国在通过法律制度寻求解决监管问题方面的传统比英国强。相比英国的监管传统，美国的监管传统更依赖其法律制度在违规情况下实施制裁，更"自上而下、层次分明"。例如，政府鼓励企业通过补贴清洁生产和循环经济来投资更高效的技术，如果企业不符合有关负责任行为的监管要求则将受到处罚。美国企业关注利益相关者的需要。消费者、投资者等利益相关者对美国政府的治理体系影响都比较大，消费者和投资者对企业社会责任的发展也产生了很大的影响，因此美国企业社会责任政策十分重视满足利益相关者的需要，关注教育、医疗、人权等一系列社会问题。教育、医疗或者社区的投资都是美国企业社会责任的核心内容。

（二）以利益驱动企业的积极性

美国的社会责任投资指数、履行成效都处于世界前列。在发布的 2022 年度最具可持续发展能力公司排行榜前 100 名中，有 23 家美国公司，排名世界第一。美国一直大力推动负责任投资，引导投资者关注以环境、社会和治理为重点的投资。美国社会责任投资资金规模在 20 世纪末期排名世界第一，现仅次于欧洲，美国拥有 ESG（Environmental，Social，governance，环境、社会和公司治理）因子的基金 564 支，资产规模达到 9330 亿美元。2020 年，投资者向以 SRI（Socially Responsible Investment，社会责任投资）和 ESG 为重点的共同基金注入的资金超过 941 亿美元。同时，美国还利用社会责任投资指数，指导金融机构进行社会责任投资。

第二节　英国企业社会责任的公司法实践

一、英国企业社会责任的公司法实践历程

英国是英美法系中一个重要的国家，其法律方面的成就在国际上遥遥领先。英国人在贸易上创造了企业的组织结构，但是英国没有美国那么多关于企业社会责任的理论和体系，这一点看起来有些欠缺。一些英国学者认为，英国企业的社会责任是美国进口来的产品。在早期的英国司法实践中，英国同样根据严格保护股东利益的思想确立了越权原则并严格遵循。1875年，英国上议院在"阿须布里铁路设备公司诉瑞奇案"的判决中确立了越权原则，并在之后一段时间内都得到严格的遵循适用。但是，随着商业社会的不断发展，商业判断规则不断受到重视，在早期已经有一些案例，法院通过商业判断规则来确认企业做出履行社会责任的行为合法。在这以后，涉及企业履行社会责任是否合法的案件中，商业判断规则经常作为法院做出裁判的理由。

在判例法之外，英国成文法中也有一些对于企业社会责任的规定。自1973年《公司法改革白皮书》发布之后，政府对企业社会责任的关注度开始不断上升。例如，1985年《公司法》规定董事会在做出决策时除公司利益外，还应当对全体职工和其他成员的利益做出考虑。2006年《公司法》更是在第一百七十二条规定了公司董事应当在做决策时考虑包括雇员、供应商、消费者等其他利益相关者的利益。该条规定对企业应当承担社会责任做出了明确的规定。这些法律的不断完善为企业承担社会责任提供了最基本的法律依据。企业社会责任制度的完善也推动了后续英国企业管理制度的发展和完善。

二、英国企业社会责任的公司法实践特点

（一）突出市场调节机制的政策特质

英国的企业社会责任政策源于20世纪70年代。英国政府将企业社会责任定义为：企业社会责任是企业对可持续发展目标所做出的贡献，是企业在经营过程中考虑经济、社会和环境的影响，怎样使有利影响最大化，把损失最小化。企业社会责任是企业的自愿行为，除了遵守基本的法律要求，主要是出于他们自己的竞争利益和社会利益。

英国政府的定义确定了英国企业社会责任政策的主要特点，即自愿行为和出于竞争利益，政府不过多干涉，交由市场去引导企业。但政府不是没有责任，而是主要发挥调控作用。2000 年 3 月，英国政府任命了世界上第一个专门负责企业社会责任的部长，其职责是促进企业社会责任知识的传播，促进英国和国际准则在实践上的一致性，规范并传播社会、环境报告和标签，协调其他各部门包括文化部、环境部、国际发展部、就业养老部和财政部，共同推动英国企业社会责任的公司法的发展，其中涉及的领域非常广泛，如文化多样性、校企联合进行教育培训、可持续消费和生产、环境报告、工作和养老、公平贸易、国际供应链、中小企业、企业和人权、国际倡议、妇女和就业、可持续旅游、社区发展与复兴、社区投资以及城市增长战略等。

（二）政府投资支持

欧洲的社会责任投资就参考了 20 世纪 80 年代的英国，它是基于世界可持续发展理念的投资模式，是指投资人在选择投资对象时优先投资对社会和环境产生良好影响的企业，从而通过经济手段影响企业社会责任水平。1989 年英国只有 1.99 亿英镑的"社会责任投资"衍生基金，2000 年达到 37 亿英镑，英国国内目前有 50% 以上的退休基金采用"社会责任投资型"的投资准则。1995 年英国在《养老金法案修正案》中提出要对养老基金投资进行道德、社会和环境方面的信息披露进行规定，目的是促进社会责任投资，该法案于 2000 年生效并持续至今。这样养老基金在做投资决定时就必须考虑被投资企业在道德、社会和环境方面的贡献，英国政府从可以由政府控制的养老金入手先立法，优先对那些承担社会和环境责任的企业进行投资，利用此法案提高了融资企业对承担企业社会责任的兴趣。

三、英国企业社会责任的公司法实践内容

在 20 世纪初到 20 世纪中叶期间，由于英国政府为社会提供广泛的服务，企业在社会责任中的直接作用仅限于慈善捐赠。20 世纪 80 年代，在失业率急剧上升和城市经济衰退的背景下发生了城市动乱浪潮。而传统的国家政府治理和市场调控难以满足新的社会需求，出现治理体系危机。尤其是当时英国治理赤字尤为严重，政府开始鼓励企业和个人承担更多的社会责任，并要求企业共同应对这些社会问题。政府将企业社会责任视为改善治理的补充者，因此英国企业社会责任在这一时期的增长超过了其他国家。

（一）宣传、示范和指导企业社会责任的履行

英国政府作为新形式监管方面的领先者之一，主要是为企业社会责任提供了一个政策和制度框架，鼓励企业自愿提高社会责任的水平，促使企业能不仅仅满足于最低法律的标准。

1. 专门设立负责宣传和管理企业社会责任的政府部门

英国政府委派有关机构来监管企业社会责任的发展，并任命一位部长级别的主管来协调各部门之间的工作。例如，环境、食品和农村部为企业环境报告提出意见和准则，而国际发展部则支持建立一个有利于稳定社会和金融环境的战略伙伴关系。英国政府也着重于在诸如环境、健康和安全以及就业权利方面的标准指导作用。

2. 大力促进优秀企业的社会责任实践

政府的做法是通过最佳做法指导，鼓励采用企业社会责任报告，支持示范商业案例的工作。同时，还设立企业社会责任学院，推广最佳实践，为英国培育企业社会责任人才。

3. 通过法律确立企业社会责任的地位

1985 年，英国在《公司法》里明确了企业社会责任相关的诸多规定。英国政府要求上市公司披露社会和环境信息，并要求养老基金披露有关社会责任投资的情况。通过强制披露和自愿披露结合，向公众公开了慈善捐赠、雇员信息、环境保护等一系列企业社会责任的履行信息。

（二）达成广泛的社会责任共识

在英国，企业社会责任被纳入治理角色更广泛的一部分，企业的运营不仅是在市场的模式下进行，而且是在政府和非政府组织的模式下进行的。在这个模式下，英国具有了更具协作精神的"合作政府"模式。英国政府的管理制度更具合作性和灵活性，英国政府也乐于与那些关键的工会和非政府组织进行合作。英国相对薄弱的政府管理体制框架使得英国在政策上采取了相对合作和授权的形式，具体内容有以下几点。

1. 资助和扶持企业社会责任活动和组织

资助跨国公司的商业道德实践和向当地中小企业传授知识和技能，并设立卓越社区奖为企业社会责任活动提供补贴。英国还通过政府采购和投资活动，影响

和扶持企业社会责任发展。2003 年，英国政府推出了可持续采购规范。2005 年，英国政府成立了专门衡量企业可持续行为的工作部门。2006 年，英国政府公布可持续性采购行动方案。此后企业社会责任商业协会或社会组织开始出现并且数量在不断增长，其中最突出的是社区商业组织成员超过 700 个，大多数来自英国的跨国公司。其他企业成员组织包括伦敦标准规范集团，1996 年成立的社会与伦理责任研究所、可持续发展研究所，以及许多提供相关咨询服务的组织。2021 年 9 月 15 日，英国可持续采购平台 Sourceful 宣布完成 1220 万美元种子轮融资，由私募股权投资公司 Index Ventures 领投，私募基金由 Eka Ventures、Venrex 和在线设计平台 Figma 的创始人菲尔德（Field）参与投资。

2. 支持跨政府采取行动

英国政府支持工会等多方利益相关者、非政府组织参与社会责任的决策，非政府组织等利益相关者会被邀请参与制定公共政策，并将企业组织与非政府组织引入社区服务，这些措施旨在通过更广泛的社会责任共识和认知提升来促进本国的企业社会责任进步。通过确立企业社会责任的宏观方向，设立专管部门、全面激励、广泛宣传。通过各种具有可持续作用的交流学习活动，让更多的企业了解并参与企业社会责任的履行，全方位推动英国社会各界企业社会责任认知的提升。英国"商业社区"模式反映了当地社会和经济问题的"软监管"，而商业社区现已成为企业社会责任领域最大的商业协会。英国公共政策的制定与发布是由企业和社会组织在英国政府机构的指导下共同进行的。

3. 推出了具有广泛合作性的企业社会责任项目

为了提升社会责任的影响力，政府推出了大量广泛的相关的项目来弥补低水平的社会准备金，使英国企业在社会责任指数中获得较高的排名，并促进英国政府的合作模式由单一的企业社会责任向网格化、合作化监管的模式转变。

第三节　德国企业社会责任的公司法实践

一、德国企业社会责任的公司法实践历程

德国是最早在立法中规定了企业社会责任的国家，尽管与美国相比，德国对于企业社会责任的立法和实践都较为薄弱。1919 年的《魏玛宪法》中明确规定企业行使所有权时不得损害公共利益。而这正是企业社会责任的精神，也是德国

企业社会责任的公司法所要求的内涵。该条规定被称为德国企业社会责任立法的根源。而后，1937 年的《德国股份公司法》中又明确规定，股东、雇员以及社会公共利益等方面，在董事进行公司经营时，都应当被考虑在内。以上的法律规定都体现出了德国对于企业社会责任的公司法的早期发展，以及对于企业社会责任规定的重视。

与英、美等国重视企业活动的立法趋向不同，德国企业社会责任的公司法在内容设置上更突出保护公司职工的权利，因此德国关于企业社会责任的法律体系构建及制度设计大多也集中于企业职工权利保护方面。其中，对企业社会责任理论的发展产生了重要影响的就是德国的职工参与制度。根据德国公司法的规定，职工与股东都可以参与企业的一些决策活动，在参与权方面处于平等的地位。这也充分体现了德国企业社会责任的主要特征是保护职工的利益。

随后，德国在《煤钢共同决定法》《企业宪法》《共同决定法》等多部法律中完善了这一规则，形成了关于促进企业履行社会责任的初步法律体系。应当说，德国在立法中成功使利益相关者理论得到了落实，在维护企业职工的利益的同时，促进了企业社会责任理论的发展。

二、德国企业社会责任的公司法实践特点

（一）鼓励劳动者的参与

德国企业管理最显著的特色就是实施劳动者二元制参与管理制度，其中公司层面和企业层面的管理都包含在内，是劳动者对高层管理者的管理权力的直接共享。例如，1951 年颁布的《煤炭钢铁行业共同决定法》、1952 年的《企业组织法》中加入"三分之一制度"（该制度被 2004 年的《三分之一参与决定法》取代）和 1976 年的《共同决定法》。而在企业层面的管理上，则是指劳动者通过有关的企业委员会，间接地参与到企业的经营中。这在 1919 年的《魏玛宪法》中有所涉及，《魏玛宪法》将企业应履行的义务包含在其所有权中，因而想要行使所有权，就必须顾及公众的利益，履行自身的责任，学界也通常认为这是德国企业社会责任立法的开端。1920 年颁布的《企业职工委员会法》和 1952 年的《企业组织法》均以《魏玛宪法》为依据，对员工参与企业管理进行了论述。另外，在 2002 年，联邦司法和消费者保护部发布了"德国公司治理准则"，该准则的目标是针对上市公司，并为它们提供综合的指引和意见，着重于强化监事会的权利和责任，以及增强董事会告知股东信息的责任。在最近的几年里，提议的范围

越来越广，增加了诸如限制管理人员报酬等条款。

（二）提倡环境保护

1972 年德国颁布的《废弃物处理法》是德国第一部关于废弃物处理的法律。随后，1986 年的《废物防止与管理法》、1991 年 6 月 12 日的《防止和再生利用包装废物条例》等对废物的处理进行了深化。其中，较为突出的是"生产者责任延伸（extended producer responsibility，EPR）"制度，要求包装的制造者、包装者、承销者对进入市场流通的包装承担先回收后循环利用的责任。同时消费者具有协助其回收的义务，不能随便丢弃包装（废弃物），以及需要对包装支付一定的费用来担保此项义务的顺利实行。目前，这项规定也已经成为德国人的生活习惯之一。

（三）提倡消费者保护

1894 年的《分期付款买卖法》是德国首部具有消费者保护色彩的法律，而消费者撤回权制度最早体现在 1969 年的《外国投资股份销售法》中。买卖合同本质上是合同，强调自治原则，一旦合同成立，双方必须遵守。此外，《投资公司法》《上门服务法》《远程交易法》等涉及消费者权益保护的单行法律都有类似撤回权的规定。但单行法过多，并且与《民法典》平行使用，产生了民法体系混乱的问题。在转化欧盟《远程销售指令》之际，德国通过《债法现代化法》将单行的消费者权益保护法纳入了《民法典》之中，规定经营者负有权利告知义务，并且在法定期限内需返还消费者商品或服务的钱款以及支付可能受此影响而产生的钱款。

三、德国企业社会责任的公司法实践内容

（一）在立法中贯彻企业社会责任理念

相比其他国家，德国在其立法中贯彻企业社会责任的理念是较早的，1919 年《魏玛宪法》第一百五十三条规定：所有权负有义务，其行使权利的同时应有益于公共福利。这是所有权社会性最早的立法。在此宪法的指导下，1973 年《股份公司法》明确规定：董事必须追求股东的利益、企业雇员的利益和公共利益。这一规定第一次在企业法中规定了企业的社会责任。

（二）构建企业社会责任职工参与制度

德国企业社会责任法律运动的最大成就就是建立了员工参与机制。这种体制

实际上是一种"共同决定"的企业治理方式，即由员工选择自己的代表和股东代表来组建管理委员会和监事会。管理委员会成员也被称为执行董事，其职责是管理企业的日常工作。监事会是一种对企业进行监督的机构，其成员不能是管理委员会的成员，也不能干涉企业的日常工作。这就是一种双层制的企业治理结构，在此模式中，监事会扮演了一个关键的角色。德国也相继出台了一系列的联合决策条例。例如，1920 年的《德国经营协定法》规定员工人数超过 20 人的企业，应当成立一个经营协定会，由雇员参与劳动和财务的经营；在设立监事会时，由一名或两名经营协定会的委员成员担任监事会监事。1976 年《德国参与决定法》的颁布标志着德国员工开始参与企业治理体系的建立。企业监事会成员与股东代表在法律地位上是平等的，权利、责任等方面均是相同的。

（三）构建企业社会责任实现机制

德国企业社会责任的实现机制主要体现在两方面：第一，通过政府的支持，以立法的方式对企业社会责任直接进行规制。政府还制定相关企业社会责任的政策，其中政府参与最多的是"奖励和经济支持"政策，涉及的内容十分广泛，如环境保护、社区、员工待遇、企业社会责任的培训、市场透明度、支持中小企业发展、质量管理、企业社会责任报告等。第二，通过非政府组织的行动促进企业履行社会责任，如德国加入了欧盟企业社会责任协会、欧洲工会联盟、欧洲雇主联盟、欧洲外贸协会等欧盟关于企业社会责任的非政府组织。

第四节　欧洲企业社会责任的公司法实践

一、欧洲企业社会责任的公司法实践历程

20 世纪 90 年代，随着媒体对一些跨国公司"血汗工厂""雇用童工"等问题的揭露，人们要求企业履行社会责任的呼声越来越高，而此时的欧洲正面临严峻的失业和贫困问题。在这种背景下，前欧委会主席雅克·德洛尔于 1995 年 1 月联合 20 位企业领导人发表了《欧洲企业反对社会排斥宣言》，倡导企业本着加强社会团结、主张正义、承担责任的态度，促进就业、减少贫困。宣言一经发表就被很多企业采纳。为了便于信息传递和经验交流，这些企业于 1996 年建立起了欧洲企业反对社会排斥网络。2000 年，这一网络更名为欧洲企业社会责任（Corporate Social Responsibility），CSR 协会。该协会的宗旨是通过将 CSR 纳

入公司法实践，帮助企业获取利润、得到可持续性的发展以及推动人类的进步。

2000 年 3 月，欧盟特别首脑会议在里斯本举行，与会的 15 国领导人最终达成并通过了一项关于欧盟 10 年经济发展的战略目标规划，即争取到 2010 年使欧盟成为世界上最有竞争力和最有活力的知识经济体，保持经济的可持续增长，提供更多更好的就业和更高程度的社会和谐，这一战略被称为"里斯本战略"。与会各国政府首脑一直呼吁企业领导们承担社会责任。作为对"里斯本战略"的响应，第一届欧洲商界 CSR 大会在布鲁塞尔召开，500 多位企业领导人齐聚一堂共同制定和修改未来 10 年的 CSR 议程，其中第一步就是在欧洲发起一场 CSR 运动，口号是"CSR，这只是更好"。

为了推动"里斯本战略"的实施，2001 年 7 月欧委会发表了《促进 CSR 的欧洲架构政策绿皮书》，正式引入了 CSR 的概念，即在自愿的基础上，企业将社会和环境影响整合到企业经营和与利益相关者相互作用的过程中。欧委会发表此绿皮书的初衷在于通过建立广泛的原则、方法和工具，促进企业更好地实践企业社会责任，确保企业社会责任的效力和可信性。此举引起了社会的广泛讨论。欧洲企业家圆桌会议强烈反对制定框架来规范企业的社会责任实践，并认为外界强加的规则很难让所有的企业都接受，其影响对不同企业也会各不相同，那些标准化了的、强加的外部规则会抹杀企业实践社会责任的创造性和多样性，最终只会使 CSR 活动局限在仅有的范围之内，此外还会导致管理成本的大幅增加。

面对企业界的质疑，欧委会于 2002 年 7 月发表《CSR 对话：企业对可持续发展所作的贡献》做出了回应，认为企业履行社会责任的各种纷杂的自愿行为虽然出发点很好，但难于相互比较，也缺乏相应的公共政策来证明其可信性，结果导致消费者、投资人、公众等利益相关者理解混乱，不能给企业带来应有的回报，因此有必要对现有的 CSR 工具进行归整，保证其透明性和可信的规范框架，这样才有利于 CSR 工具作用的有效发挥。

为了激励企业履行社会责任，2002 年 10 月，欧委会创建了欧洲 CSR 多方利益相关者论坛，以其作为不同利益相关者讨论 CSR 问题的平台，促进各方达成一致意见，为欧洲 CSR 实践建立通用的方法和指导准则。然而，这一论坛并没有按欧委会的预期发展，而是从一开始就被企业一方的意见主导着。在该论坛第一次高峰会议讨论制定论坛的权限时，欧洲工业和雇主联合会同盟主席菲利普·德布克（Philippe de Buck）指出，如果把该论坛看作期望各方参与者商讨或界定指导方针和原则的地方，那是不合适的，应当鼓励而不是阻碍企业寻求灵活多变的创新性解决方案，企业社会责任实践的透明性、可信性以及其归整问题等，企业都会自己解决。欧洲企业家圆桌会议主席维姆·菲利帕（Wim Philippa）也强调指出，不应将标准化了的方法、认证流程、信息披露要求等强加于现有的社会责任实践之中，那会挫伤企业的创新力，也会使欧洲企业在与其他地区竞争者的竞争中处于不利地位。由于这类观点得到广泛认可并随之盛行，最终制定的权限放弃了2002年7月欧盟所阐述的在欧洲标准下，识别并探索哪些领域需要采取进一步行动的目标。

　　面对CSR多方利益相关者论坛事与愿违的结果，欧委会内部进行了激烈的讨论。受其影响，2005年欧盟在对"里斯本战略"实施情况进行中期检查的时候，对原战略目标进行了较大程度的调整，将原来的经济增长、社会团结、可持续发展三大目标调整成为经济增长和增加就业两大目标。在新"里斯本战略"的指导下，欧委会于2006年3月发表了《为经济增长和就业进行合作：使欧洲成为CSR的标杆》，重新表述了其在企业社会责任问题上的态度，核心观点是：企业社会责任就其根本而言是指自愿的企业行为，所以对企业附加的义务和管理要求都可能是不利于企业发展的；欧委会承认企业是CSR活动最主要的参与者，所以决定与企业进一步加强合作，这是实现欧盟战略目标的最佳方法。随后，在欧委会的支持下，欧洲CSR联盟成立。欧洲CSR联盟是在完全自愿的基础上，仅由企业一方参与的一个新的CSR推广平台，其各项活动主要依赖三大企业组织来完成，即欧洲CSR协会、欧洲商业团体、欧洲中小企业联合会。显然，欧委会原来想要通过制定透明的、可比的、可信的规范框架来促进企业社会责任实践的目标已经被彻底放弃了，取而代之的是将推进企业社会责任实践的任务交给企业，完全依靠市场机制来推动企业社会责任的实践。

　　2005年3月，首届欧洲CSR聚会在布鲁塞尔召开，开创了企业之间分享社会责任实践经验的新形式。来自80家跨国公司的200多位企业领导分享了100多项CSR解决方案。大会发表了《可持续发展、具备竞争力的欧洲发展路线图》，提出了CSR实施的五项目标和五大战略。2006年6月第二届欧洲CSR聚会召开，450多人参加，分享了120多项CSR解决方案，并讨论了如何将企业社会责任融入日常生活，以及企业社会责任在欧洲以外的其他地区的发展情况。大会还发表了《欧洲CSR实践途径》，揭示了企业社会责任发展的一些趋势和所面临的挑战。从2007年开始，欧洲CSR协会建立起了20个CSR实验室，旨在研究企业与利益相关者合作的创新模式，以及应对企业社会责任挑战的实践方法。2022年1月，在"全球CSR发展以及趋势发布"的主题论坛上，欧洲企业社会责任协会联合创始人兼高级顾问通过视频发言，分享了欧洲企业社会责任与可持续发展方面的最新进展，主要包括两个方面：欧洲政策最新变化和欧洲企业的可持续发展行动。

二、欧洲企业社会责任的公司法实践特点

（一）社会责任的范围宽泛

企业践行社会责任的范围较为宽泛，使其责任也变得更具体化，企业要承担的内部责任和外部责任包括人权、劳工和就业实践、环境问题、打击腐败、社区参与和发展、社会包容等方面。其中，对消费者负责包括保护消费者隐私和发布企业社会责任报告；对环境负责由减少污染扩大到生物多样性、气候变化、资源利用效率和污染防治等方面；对社会负责增加了打击贿赂腐败、帮助残疾人以增进社会包容的责任。

（二）重视实践经验交流

欧洲企业也认识到了交换实践经验的重要性。在责任研讨会上进行的沟通不但可以帮助企业更好地了解社会责任的内涵，更能了解竞争对手的动态，同时也能帮助同行业企业就其撰写社会责任报告的规则和形式达成共识，发现共同的挑战与困难，并寻求合作，以减少个人企业履行社会责任的成本。

欧洲企业很早地建立起了社会责任，并认识到了履行社会责任所能带来的经济效益。直到今天，他们对于社会责任的特征已经形成了一个共同的认识：首先，它是一种超出法定职责范围的义务，关系到企业长远的利益；其次，社会责任与可持续发展有着密切的关系。另外，社会责任不仅仅是企业的核心业务，更是一种经营和管理的手段。与过去的认识不同，现代欧洲的企业家们从战略的视角思考企业的社会责任。特别是在美国的企业丑闻后，创业者们不但对自己的职责负责，而且也对自己的行为负责，并且将自己的行为和结果及时地与各利益相关方进行交流。因此，欧洲企业开始采用财务报告、社会责任报告、可持续发展报告等方式，将这些报告印刷出来或直接在企业网站上发布。

（三）通过研究与奖项提升意识和加强能力

在推动企业社会责任的研究上，自 2001 年至今，欧洲层面资助了多个企业社会责任项目，包括企业社会责任与绩效的关系、供应链管理、人权、社会期待等。第一项是在欧洲工商管理学院领导下的"回应"的研究，即研究社会对企业的期望以及企业如何把这些期望融入经营战略；第二项是由法国波尔多大学主导的名为"欧洲企业社会责任与国际贸易和人权关系"的研究，该项目考察在全球

化背景下欧洲企业社会责任与国际贸易和人权之间的关系；第三项是由欧洲社会商业协会主导的名为"企业社会责任平台"的研究，其内容为研究如何运用平台和网络发挥传播企业社会责任理念的作用；第四项是由德国奥卡研究院主导的名为"理论与现实：欧洲企业社会责任"的研究，这个项目旨在提高对企业社会责任的理解，尤其是它对可持续发展的贡献；第五项是奥地利和西班牙咨询集团执行的名为"企业社会责任创新战略"的研究，这个项目研究了在全球企业社会责任战略背景下，9个欧洲领先企业的实践及其面临的挑战，其成果为《全球企业社会责任案例》；第六项是由英国爱丁堡大学主导的"欧洲人权和环境的法律框架研究"，研究欧洲已有的人权和环境的法律、条约和指令；第七项是由欧盟委员会与维也纳经济和商业大学合作，对建筑、纺织、化工三个领域进行的研究，其结果为报告《企业责任：探索企业社会责任与欧洲竞争力在工业领域的关系》；第八项是欧洲企业研究院主导的"企业社会责任的方法和业绩分析"，其目的在于研究企业社会责任业绩衡量体系；第九项是由艾德菲大学主导的"供应链管理研究"，此项研究与联合国商业人权框架一致，研究通过供应链管理促进企业社会责任并提出面临的挑战。

综上，欧盟企业社会责任的研究项目以政策的变化为导向，在政策的第一阶段和第二阶段，即开端和推进时期，欧盟研究企业社会责任的内容与国际贸易的关系和人权的关系以及对论坛的研究，为建立论坛打下了理论基础。在第三阶段调整期，欧盟支持企业案例研究，提高了企业自愿践行社会责任的动力，帮助企业提升能力，为建立联盟做好知识传播和服务的准备。在第四阶段加强期，欧盟研究企业社会责任报告披露，为立法进行规范化管理做好准备。

为了传播知识和提高技能，欧洲企业社会责任协会于2001年与政府协作，与哥本哈根中心共同发起了一个项目，该项目是由企业界和学术界领导的，共同探讨企业在社会责任领域的培训需要，将企业社会责任的知识融入商业学院课程和继续教育的培训模块中。

在设立奖项方面，欧盟于2013年发起了泛欧企业社会责任奖项计划，这是一个由欧盟委员会提供资金，欧洲企业社会责任协会组织，并得到英国联合博姿公司支持的泛欧企业社会责任奖。该奖项在欧盟成员国分别立项，成员国选择本国的一个非政府组织与该奖项合作设立分支机构，每年在大型和中小两类企业中各选一个获奖企业，企业规模对社会责任履行的方式和内容的影响有助于鼓励不同企业采用不同的方式履行社会责任，充分体现政策的公平性。

三、欧洲企业社会责任的公司法实践内容

（一）改善信息披露和信息透明的立法

《欧共体条约》中对消费者有权了解相关信息已有明文规定，为满足消费者需求，使他们能够获取相关非财务信息是有必要的，这些信息主要包括可持续发展报告和非财务信息报告，即企业社会责任报告。在推动可持续发展报告方面，欧盟委员会支持企业发布可持续发展报告的声明为各成员国指引了方向，在过去的 10 年里，可持续发展报告取得了很大的进步，具体体现在以下两个方面。

1. 企业多渠道发布报告

企业使用越来越多的渠道发布可持续发展报告，如利用企业官方网站、证券股票网站等进行相关信息披露，在报告中陈述企业为全球可持续性发展所做出的贡献。

2. 可持续发展报告的数量不断增加

欧盟企业可持续发展报告的数量也在不断增加，在全球 4000 多个可持续发展报告中，欧盟企业占了一半，且几乎全是跨国企业在发布报告，中小企业的数量非常少。对大型跨国企业来说，发布可持续发展报告已经成为必然，但是对于中小企业来说依然是一个挑战。同时，报告的信息与阅读人群在期望上未必契合，但是可持续发展报告的质量有目共睹，现代网络技术的发展使订制信息成为可能，即信息阅读者通过网络可以自己订制需要阅读的内容。

（二）促进不同工业领域的企业社会责任实践

不同行业领域的企业所面临的社会责任不同。例如，采矿企业对周围社区和居民造成的环境影响很大，它们承担的社会责任偏重于减少环境的影响；零售业承担的社会责任则偏向于监控供应链中企业的人权问题。欧盟根据行业特征分行业推动企业社会责任。2007 年，欧盟启动历时 18 个月的"建立责任竞争力"项目，由欧盟委员会和欧洲企业社会责任协会提供资金支持，意大利、葡萄牙、西班牙、奥地利、匈牙利这 5 个成员国和 10 个企业参与，同时汇聚了相关利益方包括企业、大学、行业协会、非政府组织等一起研讨建筑行业的企业社会责任问题，最终出版了《建筑行业企业社会责任指南》（以下简称《指南》。建筑业是欧洲提供就业最多的行业，对欧洲的资本形成和经济贡献也很大，《指南》分析了如何将企业社会责任融入日常经营中，针对大企业和中小企业分类指导，展示了企业社会责任是怎样从战略的角度提高建筑行业的竞争力的，并提供了企业社会责任的最

佳案例。《指南》从四个方面推动建筑业的企业社会责任：通过健康和安全管理提高经营效率和员工福利；使用可循环材料建立可持续的工作流程，驱动建筑业的生态革新；通过供应链加强社会和环境管理，增强透明性；通过给妇女提供多样性的工作机会以加强性别平等。综上，《指南》充分地体现了建筑行业社会责任的特征，即对环境、员工健康和可循环材料的使用。

（三）设立欧盟企业社会责任利益相关方论坛

欧盟于 2002 年开始启动东扩计划，被接纳的成员国包括塞浦路斯、匈牙利、捷克、爱沙尼亚、拉脱维亚、立陶宛、马耳他、波兰、斯洛伐克、斯洛文尼亚。然而，这次的扩张对欧盟的管理也造成了一定的挑战，即原有的 15 个成员国与新的 10 个国家在权力的分布上存在着不平等、决策效率低下、政策监管不力等问题。企业社会责任是欧盟众多政策的其中之一，它要求各成员国共同协商、共同努力、相互配合。欧洲联盟的利益相关者论坛的社会背景是全球可持续发展运动的深入。

1992 年里约峰会之后，南非约翰内斯堡在 2002 年召开了世界可持续发展高峰会议，大会主席姆贝基在开幕致辞中说："贫困、落后和不平等，再加上日益严重的全球环境危机，给人类带来了巨大的灾难。在一个多数人贫穷、少数人繁荣的世界上，应当成立一个'欧洲企业社会责任联盟'。"2006 年，欧洲委员会对里斯本战略进行了一次中期审查，把欧盟的重点放在了提高工作和经济发展上，而忽略了环境问题。由于欧盟目前最大的问题就是经济不景气，而解决社会与环境问题的关键与核心因素依然是经济发展，企业社会责任政策应与里斯本战略保持一致。《执行增长和就业的合作：使欧盟成为企业社会责任的优秀标杆》于 2006 年 3 月公布，并于同年成立了欧盟企业社会责任联盟。该联盟对那些愿意承担社会责任的公司都是敞开大门的，共同支持具有竞争力、可持续发展的公司以及市场经济。欧盟委员会注意到，该联盟基于"企业社会责任对可持续发展的有利性"的共识，加强了欧洲的创新能力和竞争力，促进了里斯本战略，也就是为经济增长和就业目标做出贡献，而企业社会责任则是一种新的业务机会，可以促进企业的双赢，提高欧盟公民的工作能力，并增加工作机会，使欧洲对全球化做出更多贡献。

（四）设立与公共采购和投资相关的指令

在整个欧洲，公共采购每年花费约 2 万亿欧元，相当于欧盟国内生产总值的 17%，因此利用公共采购来推动企业履行其社会责任是非常有效的。公共采购主要包括以下几种：一是绿色公共采购，是指在购买公共产品、工程或服务时，考虑到投标方是否采取了环境保护措施；二是可持续采购，即在招标过程中，政府要考虑投标方的可持续性；三是社会责任采购，即在招标单位参与招标时，应考虑招标单位能否增加就业，提供体面、舒适的工作环境以及社会包容。

第五节　日本企业社会责任的公司法实践

一、日本企业社会责任的公司法实践历程

在第二次世界大战之后，日本在很多制度方面一直都在学习美国。在企业社会责任的法律制度方面，日本也从美国吸取了相当多的经验。在 20 世纪 50 年代初期，日本开始将企业社会责任作为重要的研究领域，开始有意识地讨论企业社会责任的问题。而后，由于第二次世界大战后日本只重视经济发展而不顾其他，使得公害、环境破坏已经成了社会问题。在这样的情况下，1973 年和 1974 年众议院与参议院分别通过决议，并认为应当在公司法中规定企业承担社会责任问题。据此，法务省民事局参事官室公布了《关于修改公司法的若干问题》，提出对企业承担社会责任问题进行讨论，而后在修订的公司法中加入了股东的提案权和质询权，来促使企业履行社会责任。

在公司法之外，日本参照美国的方式，采取了分散立法，将企业社会责任在不同的部门法中进行了规定。例如，日本在 1968 年制定的《消费者保护基本法》和 1993 年颁布的《环境基本法》都分别对企业在经营活动中应当承担哪些社会责任做出了明确的规定。

进入 21 世纪以后，日本在 2005 年颁布的《商法典》中也有对企业社会责任的明确规定。《商法典》中在社会责任层面突出的一点是对于债权人保护的相关规定。例如，日本的主银行制度，即通过把企业最重要的债权人吸纳到企业的决策中来，通过事前干预的形式来保护债权人银行的利益。这样也可以约束企业在经营时不会仅仅顾及自身利益，而会更加综合考虑多方利益，履行社会责任。

二、日本企业社会责任的公司法实践特点

（一）与经济和时代背景共同发展的企业社会责任理念

日本的企业社会责任发展历程是与日本的经济、政治、文化发展和社会背景的情况相匹配的。当日本经济受到冲击时，理论与实践发展便会衰退；当日本经

济蓬勃发展之际，理念也将愈发受人重视。日本政府采取的一系列政策和法规加快了日本企业社会责任的发展，并且在企业社会责任发展偏离轨道时政府会给予及时的引导和纠正，而同时学者对企业社会责任等文献研究的数量和角度也体现出日本发展的进程。17世纪就有商家以家训的形式将经济与道德结合到一起，其中影响力较大的有三井、鸿池、住友等家族。

17世纪以后的百余年的时间里被称为江户幕府时代，与战国时代不同，这个时期日本的经济、政治、文化发展逐渐趋于稳定，在德川纲吉的治理下商品经济得到快速发展，出现了"元禄繁荣"时期。商人家训主要起到了巩固经济、教导后人、丰富经营理念等方面的作用，《大丸下村家家训》就曾提到"无论何事，以正直勤勉之心工作，则立身易也"，《茂木家家宪》指出"德义为本、财为末，勿忘本末"。诸多家训不仅对商业本身提出道德要求，而且还涉及救济贫苦等思想，如《本间家家训》提及"尽全力于公共事业，为公益而勿吝其财"等。最开始的日本企业社会责任的朴素认识存于家训中并代代相传，其中影响力较大的家族和家训也在日本整个社会引起思潮。第二次世界大战后日本赢得了相对稳定的政治环境，并且经济也从战争时期的困难中逐渐复苏，日本企业社会责任也在不断完善发展。

1956年以后企业社会责任理论正式进入日本学者的视线，1960年至2004年间日本企业社会责任单行本专著数量达到69本，这其中也有媒体和大众对相关事件关注的力量的推动。自20世纪50年代起，日本社会便经常出现企业丑闻。20世纪60年代出现的水体、空气污染问题使企业将目光转向环保方面；20世纪70年代投机倒把猖獗，企业投身于规范自身管理、遵守法规；20世纪80年代泡沫经济严重，但西方思想的进入，加上政府政策支持，企业开始关注利益相关者；20世纪90年代日本企业寻租事件引起信任危机，企业开始关注商业伦理、信息透明等；21世纪初，企业社会责任变成全球性浪潮，日本投身于更为广阔的企业社会责任关注范围。

不难看出，日本整体的企业社会责任理论与周遭环境是息息相关的，有着平稳的政治环境造就理论研究的基石，不断发生的事件在大众媒体和政府的推动下使日本相关实践更为完善。

（二）相对完整的企业社会责任体系

日本企业社会责任的内涵不只是一般意义上的对于经济、法律、伦理、社会的贡献，更是与企业战略、组织架构、经营理念、实践行动等紧密联系在一起的，形成了一种特殊的制度，而大部分企业都是在比较完备的制度框架下进行高度自我约束的。在组织领导上，经营者在企业中树立自己的领导地位，不但要引导企业的经营方向，而且还要引导企业"价值观"的发展。通常，企业都会采用"企业社会责任推进委员会＋企业社会责任推进部"的组织架构，在推动的过程中，企业的职责分工清晰，并定期召开"企业社会责任推进担当者会议"，对一定时期内的工作进行相应的总结和内容的梳理。

在具体实施方面，日本企业为了使社会责任理念在日常经营中彻底贯彻，制定了更为细节的企业准则，如生产政策、环境政策、社会贡献政策、员工行为守则、售后管理准则等。除此之外，日本企业还致力于构建各具特色的企业社会责任观，挖掘企业自身的DNA进行传承，挖掘从创始人承袭下来的家训或管理教条，将其与企业发展现状及愿景相结合，形成符合现实和自身发展的社会责任观。在具体操作的细节方面，企业注重自上而下进行的教育。例如，三井物产发布的两本企业社会责任教材《三井之魂》《DFP的警示》致使三井物产在遭遇"毒饺子事件"时能迅速做出反应，出台了供应链采购标准，既对员工负责，也对企业负责。

在监督评价方面，日本尚未建立完整的监督问责体系，主要原因在于企业社会责任内容宽泛且无准确界定，即使问责也不能具体落实到个人，因此日本的监督评价主要是通过企业自查自纠、法律条文和社会媒体来进行的。企业内部的推进委员会、伦理委员会等对企业的社会责任实施情况进行监督、督促，为企业社会责任的实现提供制度保证。同时，企业也重视顾客的反馈，并对其进行分析，以决定下一阶段的改善。在企业社会责任制度得到完善和确立之后，许多学者认为，企业社会责任部门的需求将成为一个不可缺少的发展方向。当这理念融入企业的基因、融入企业正常运转中去时，便不需要刻意提及也能辅助企业管理和运行业内部的推进委员会、企业伦理委员会等对其企业履行社会责任状况进行检查和监督。

（三）内外有别、精致利己的企业社会责任观

日本企业大多设立企业社会责任推进部门，注重建设企业社会责任仿佛成为企业追逐的新风尚，但真正有能力实现全方面体系的企业并不多。企业社会责任的概念已经延伸至利益相关方以及企业供应链的管理，把对供应链的监督、验收工作与企业社会责任的完成度相联系，但这样意味着要付出更多的时间成本和营业成本，很多企业在具体实践过程中就会刻意忽略对供应商的监督和要求。伊吹英子指出，倘若企业将自身标准强加给供应商，会引发供应商的不满。企业为自

身定制更高标准的企业社会责任，倘若实行供应链管理，便不得不将这样的标准强行套在供应商身上，供应商无论是体量还是发展情况都有可能远远不如本企业，这样的生搬硬套是不合理、不人道的。

除此之外，当今社会发展下很多企业实行产品外贸政策，在国外开设厂或分支机构以实现利益最大化，出于本民众对本土企业的"情结"，企业便会在本境内实行高标准的生产与服务，而在分工所在的国家或地区由于法律或消费者要求并没有那么严苛，容易忽视生产或服务所带来的负面效应，并不断将高能耗、高污染的项目转移到其他地区，因为这样的负面效应并不会带到日本本土并产生影响。其中具有代表性的就有"丰田召回事件"，事件中日本对中、美两国消费者做出不同的回应，以及对消费者给予不同的补偿，这样的措施展现了日本企业对不同市场采取不同的态度。除此之外，还有本田公司在海外同工不同酬的问题，日本采用劳务派遣的方式可以获得更为廉价的劳动力，而不会因此在国内产生负面影响。日本在国外开设厂或接进此类再生循环耗时较久的初级产品，以此保证国内的生态环境，将生态压力转嫁给其他国家。在这样的前提下，日本企业虽强力推动了企业社会责任的建设，但并不能在供应链管理上实行统一标准，也不能在不同的国别之间实现平等对待，这些显然都是违背企业社会责任的内涵和初衷的。无论是从横向还是纵向来看，日本的企业社会责任发展还需进一步平衡。

（四）外部推动下发展的企业社会责任

纵观日本企业社会责任理论和实践的发展历史不难发现，除了政府引导、企业自觉、学者推进的作用，还包含了社会各界的共同推进，行业协会、媒体和消费者的监督在无形中推动了发展的步伐。日本企业社会责任的发展离不开行业协会制定的标准。在日本企业发展偏离轨道、伤害相关利益者的报道层出不穷时，1973 年日本经济团体联合会便制定了《行动宪章》，为企业具体的经营活动指定了标准。除了一直为日本企业社会责任发展做出贡献的经济团体联合会和经济同友会，日本规格协会、日本企业社会责任普及协会等组织协会均成立了专门的企业社会责任部门。在各个行业协会的共同推动下，日本企业社会责任的履行有了具体的依据和评价标准，进入了规范发展的阶段。

日本企业社会责任的发展离不开媒体的监督报道。在信息不对称、不透明的情况下，企业的行为很难受到社会各界的监督，因此就需要媒体进行报道，增加企业信息透明度。日本的发展很多都是在企业出现危机事件经过媒体报道后扩大影响下而推进的，20 世纪 70 年代和 21 世纪初企业社会责任在全社会引起讨论均是由于媒体对企业的违法行为进行了披露和报道。除此之外，日本媒体还直接参与了这一理念的推进，1974 年日本经济新闻社发表了《企业社会责任贡献度评价标准》，日本放送协会从 2002 年起发布环境报告书，朝日新闻从 2011 年起设置专门机构发布企业社会责任报告。日本媒体对企业不仅是监督，而且还实际参与到实践中去，丰富了企业社会责任的内涵。1990 年日本放送协会进行了战后日本社会印象调查，并进行《日本战后 50 年》的编纂工作，通过对日本现实的调查与记录，展现日本企业社会责任的发展变化。

日本企业社会责任的推进离不开消费者的监督与选择。丰田汽车对中美市场实行差别待遇很大的原因是中国消费者对企业侵害自身权益时反映较为迟缓，对企业的宽容度较大，而日本本土消费者恰恰相反。雪印乳业因食品安全问题而一蹶不振：2000 年发生中毒事件，雪印乳业的市场份额由第一跌到了第三，而雪印公司 2001 年又销售了违禁食物，在 2002 年进行的一项民意调查中，47% 的东京民众表示不愿意再买雪印食品。2017 年已有 300 年历史的赤福公司因为隐瞒了自己的产品，其销售量暴跌；2009 年高田安全气囊门事件导致高田公司在 2017 年宣告破产。许多日本公司被曝出丑闻后因后续处理不善或造成严重后果，都未能得到消费者的谅解，日本社会的容错率较低，这也促使日本公司在运作时，更多地关注工作流程，避免因失误而影响市场的决策。

三、日本企业社会责任的公司法实践内容

1956 年，日本企业高管协会就企业高管的企业社会责任发表了一项公开声明。现代日本企业社会责任的发展受到全球社会责任趋势的推动，20 世纪中后期由于工业发展产生了一系列水污染、重金属中毒、大气污染等环境污染事件及由此产生的环境运动，影响了日本各界对公共领域社会责任的态度。2003 年成为日本企业社会责任的元年，此后企业社会责任越来越受到日本企业界和政府的关注，而环境责任更是成为日本企业社会责任的焦点。

（一）注重以人为本

日本在发展企业社会责任方面已经形成了良性循环机制，并为日本国家经济和社会的可持续发展做出了重大贡献，值得我国学习和借鉴。日本企业在该领域的表现越来越活跃，近几年日本综合报告率迅速增长。2017 年企业社会责任调查报告显示，日本综合报告率出现了显著增长，相比于 2015 年增长了 21%，位列全球第一。日本的企业社会责任政策内容涵盖了企业可持续发展、人权、劳工、

社会环境等方面，但由于日本的制度背景和历史背景，其企业社会责任政策内容重点关注员工权益以及环境。形成这种决策的原因主要有以下两个。

1. 强调以人为本的观念

日本企业提倡以人为本，非常关注员工的职业健康和安全。日本企业的员工参与、终身雇佣、良好的工作条件和广泛的福利计划使员工具有强烈的忠诚度和高昂的士气。尤其是日本企业职业安全和健康声誉很高，具体表现在极低的工伤率和患病率。

2. 重视发展环境责任

2011 年海啸灾难后福岛核电站发生核泄漏，使政府和企业关注到环境责任的重要性。日本的企业社会责任活动中环境措施通常占绝大多数，对环境责任的关注程度远高于其他社会责任。政府出面积极制定企业社会责任标准引导企业。日本政府派遣专家参加国际标准的制定并促使了 2010 年 ISO26000 标准正式出台，在社会环境领域通过立法确定企业社会责任指导方针，日本关于环境的立法使环境责任成为日本企业社会责任进步最大的一个领域。值得一提的是，日本政府早在 1993 年《环境基本法》和 2000 年《建立循环型社会基本法》等法律法规的协助下，就明确了企业环境责任的具体方针。

（二）提倡企业自愿

日本一直认为企业社会责任问题属于企业管理本身，由于其历史制度背景，日本政府与企业是合作伙伴的关系，政府不会严格干预企业的活动。同时，日本认为西方国家的社会责任模式并不适合自己，严格的政策法规有可能成为一种形式主义，所以日本发展了自己独特的企业社会责任政策模式，主要通过政府的指导文件、沟通平台以及社会责任投资引导。因此，日本政府的企业社会责任政策措施属于自愿性引导，没有对企业采取严格的监管措施。目前，日本企业界已普遍认为企业社会责任是提高自身利益和改善公众形象的工具，追求自身利益是日本企业社会责任的主要驱动力而非基于对社会负责的认知。日本政府采取的企业社会责任措施如下：一是发布企业社会责任活动的倡议和指导。2004 年，经济产业省发布《关于企业社会责任的宣传册》。2005 年，环境省发布《关于社会责任（可持续的环境与经济）的研究会的报告》。2006 年，国土交通省发布《基于 CSR 视角的绿色物流推进企业手册》。日本的企业社会责任政策主要强调宣传最佳做法，而不会对企业实施处罚条款。日本政府也会创建平台支持企业社会责任工作，如中央行政部门文部科学省设有"日本教育委员会中央企业社会责任沟通小组"。二是通过社会责任投资引导，通过社会责任投资基金形式向企业的社会责任发展提出要求，鼓励、激励企业。2014年，日本金融厅针对金融机构投资者发布了一份管理守则，提醒投资者身负的信托责任，并促进日本经济的可持续增长。日本社会责任投资基金发展迅速。2018年，日本社会责任投资基金成为仅次于欧洲和美国的"第三大中心"。

第六节　国外企业社会责任的公司法实践对我国的启示

一、宣传社会责任文化

在管理与推动企业社会责任方面，单纯依靠市场机制是远远不够的，而仅仅依靠政府的推动也是不够的，必须依靠社会的力量来推动。与国外的企业相比，我国企业管理人员在这方面的认识还不够充分，社会公众的社会责任意识也不强。因此，在我国企业社会责任的公司法实践中，必须加强对企业社会责任的宣传，促进企业社会责任意识的形成。首先，对政府进行法律宣传和教育。政府的公信力在民众中具有绝对的权威，其政策、法规、宣传教育等对于企业和社会大众具有重大的影响。在一种强烈的社会责任文化氛围中，个体和组织都会被所处的环境所影响，消费者和投资者都会自觉地回避不负责任的公司。其次，借鉴英国的做法，把企业社会责任融入我们的课程体系中，开展全民教育。通过系统、全面的学习，使企业社会责任的知识在全国范围内得到专业化的普及，从而为企业社会责任意识的形成奠定坚实的基础。

二、优化政策执行资源

（一）协助企业发展更具社会责任感的商业模式

鼓励和协助企业发展更具社会责任感的商业模式，提升企业的商业活动质量，这也是企业社会责任公司法实践的重要定位。协助企业发展更具社会责任感的商业模式主要是通过采取促进或伙伴关系的方式，鼓励企业履行相应的承诺。首先，促进企业创新升级履行的路径。现阶段，各国对企业社会责任的重视和支持程度非常高，企业社会责任作为我国引进来的西方国家的概念，我国企业结合自身的市场背景和发展情况对其进行创新升级是必不可少的。其次，支持企业采取社会负责的商业发展模式。目前许多企业在发展经济、追求利润时都选择忽视自身的外部效应，无视对长期经济增长、社会环境的影响。因此，我国中央层面、地方层面都需要通过出台相关政策标准和加强监管来促进企业社会责任发展的稳定性，从而逐步推动企业自觉履行，提升企业的商业活动质量。

（二）加强社会责任人才培养体系

从国外的经验来看，英国坚持建立一个全方位的教育机构，以提供长期的社会责任教育的支持。同时，我们也要从国外的经验中培养我国的本土专家，培养出一支成熟的、专业化的、有特色的人才队伍，这也是发展我国企业社会责任的重要前提。首先，建立起招生与定向培养的互动机制，建立可持续的学习文化。以专业化的教育为核心，注重系统思考、规划、战略、人际关系等能力的培养，以实现企业的社会责任实践。其次，结合当前我国企业社会责任的实际情况和需要，制定出适合我国企业社会责任的人才培养方向和培训内容；根据企业社会责任的发展趋势和企业战略需求，培养有针对性的、可持续发展的企业社会责任。最后，明确我国社会责任教育的发展方向与目标。通过对国外企业社会责任发展的动态分析，对我国企业社会责任的发展进行前瞻性的预测。

（三）落实财政金融支持体系

对于企业社会责任的财政金融政策支持，主要通过金融制度创新、财政补贴支持、免息或低息贷款来支持企业发展社会责任。我国可以效仿英国、美国的优秀案例，可以通过税收、信贷等手段降低企业社会责任履行的成本，减少企业履行社会责任的困难，并设立企业社会责任专项资金，鼓励和引导投融资优先，再通过金融制度创新、政策创新，推动建立具有促进性、创新性、包容性的企业社会责任财政金融支持体系。我国可以根据不同的企业情况采取调整措施，增强企业社会责任发展的后劲。此外，还可以通过免息或低息贷款补贴支持社会责任履行优秀的企业，以此来减轻企业履行社会责任活动的支出成本负担，调动企业的履行积极性。

三、制定政策指导规划

（一）规范企业社会责任行为

通过对世界各国的经验分析可以看出，政府对企业社会责任的监管力度越大，企业执行的品质就越高。因此，制定相应的法律法规，对各主体的行为进行规范，将极大地促进企业社会责任稳步、高质量地发展。首先，要建立一个统一的企业社会责任标准，使之与国际接轨。近年来，我国大型企业纷纷进入国际市场，我国企业要实现国际化，就必须解决国际社会责任的问题。同时，我国应建立健全行业标准，如科学统一的行业标准、系统的中央和地方部门管理标准，以及以人权保护、碳排放、可持续发展等为内容的行业践行标准。其次，在一些优秀企业的引领下，实现由点到面的大、中、小企业的全面覆盖。对企业社会责任进行标准化，是我国建设政策体系的重要目标，同时也是推动社会责任发展的重要依据。在企业战略规划和公众认知中，充分发挥制度的"导引"功能。最后，对政府工作人员、企业经营者履行社会责任的行为进行规范。规范的政策和标准是基础，只有通过规范企业的社会责任行为，才能有效地提高企业社会责任的履行效率。我们不仅要规范企业管理者的态度和意识，而且还要规范企业的执行方式，还要对有关政府部门的工作人员进行业务培训，以保证企业社会责任的各个方面都不出问题。

（二）辅助企业社会责任政策的实施

通过借鉴其他国家关于企业社会责任的公司法实践，我们会发现建立企业社会责任的驱动机制常以市场自我控制为基础，通过政府的权威监管，督促企业履行企业社会责任的驱动机制由经济、社会和政治工具构成，合理利用政策工具对企业社会责任的发展起着重要作用。我国企业社会责任政策工具的确立应以调节性手段进行引导，再辅以强制性手段，其中政策工具主要有以下三种。

1. 政治工具

企业社会责任政策的政治工具即利用政府部门权威监管、法律法规、政策规章等政治压力推进企业社会责任。我国政府和美国政府一样在社会各界拥有绝对的权威和强大的执行力，决定了政府"自上而下"的权威性推进是我国可采取的政治工具的必然选择。我国企业社会责任政策只有通过政府推进，对企业活动采取监管和奖惩手段，才能改变我国社会责任发展滞后的局面。同时，需要建立良好的企业社会责任管理部门和人才队伍，企业的内部治理结构决定了企业的运营方式。政府的政策工具不仅需要用政策法规严格地管制企业社会责任的履行，而且也需要激励企业自己有效地承担社会责任，从而补充政府的监管。

2. 经济工具

实现企业社会责任可以通过经济手段实现，主要有减税、金融扶持等。通过财政、税务等手段来激励企业履行企业社会责任是我国经常采用的政策手段。同时，政府还可以设立专门的社会责任基金来奖励相关的企业，并对其有关的费用进行适当的补助。在此基础上，政府应加大对社会责任的引导力度，并将其纳入财务评估中。首先，要发挥税收、财政等政策的积极效应。对履行企业社会责任的企业给予税收优惠，并且给予一定的资金扶持和优先购买的权利。其次，可以将企业的社会责任作为一种融资条件，提高其实施的积极性。调节投资者、金融机构对负责任企业予以优先考虑，推动该领域的发展。最后，以社会责任为导向。企业的投资选择、融资的需要使得企业的社会责任投资具有无可替代的导向功能，因此我国应重视发展企业的社会责任投资指数。

3. 社会工具

社会工具可以辅助政策的实施，即充分利用社会资源，推行社会治理的模式。随着社会治理模式的倡导与发展，非政府组织、民间组织、社会媒体开始成为社会治理的重要主体，政府应该充分重视这一社会力量，监督企业社会责任的履行。市场同类企业竞争的压力、客户消费者选择的压力、投资者的压力都可以成为企业制定社会责任战略的动力。社会力量对于企业声誉形象的维护、风险管理管控、竞争优势的提升具有非常大的影响力。提升社会公众、社会组织的参与度，对企业社会责任的发展至关重要。

四、营造政策实施环境

（一）完善考核机制

通过参考前面德国关于企业社会责任在立法以及机制上的相关政策可以发现，完善我国相关的考核机制是营造良好的政策实施环境的重要方面，应强化考核指标和机制的合理性，促使各个主体树立正确的企业社会责任观。首先，健全相关的考核指标。社会责任考核指标的设定可以结合国际经验或按照我国企业实情进行考核，且应该形成赏罚分明的考核机制，不能仅仅以惩罚的方式让相关政府部门执行考核，而是要带有激励的机制。其次，我国应设置专门的政府部门或者由第三方机构考核社会责任的履行，同时要积极开展审查评估，并对标国际企业社会责任标准，制定全面、科学合理的评价考核指标。最后，应该规范我国企业社会责任报告。企业社会责任报告作为重要的社会责任披露渠道，我国应该规范该报告的内容和频次。我国需要加强社会责任报告的编写规范，制定包括经济、环境、慈善公益等全方面内容的综合性企业社会责任报告。

（二）调整政策框架结构

由于我国的企业社会责任政策体系过于僵化、丧失了灵活性，这对我国企业社会责任的公司法实践的有效性产生了不利影响。因此，我们必须建立一个更具操作性、更灵活、更具针对性的政策架构。通过借鉴外国企业社会责任的公司法实践，我国企业社会责任的调整可以从宏观、中观和微观三个层次进行。

1. 宏观层面

在相关的政策体系中充分发挥政府的主导作用是企业社会责任政策框架结构调整的重点，也是国际经验对于我国的重要启示。到目前为止，各界对于企业社会责任的发展是让企业自愿履行社会责任还是政府强制介入一直存在争议，但通过美、英、法、日的经验来看，发挥政府部门的主导作用至关重要。

首先，明确划分中央管理部门与地方政府的职能权限，释放企业社会责任管理制度的创新空间。我国企业社会责任政策存在长期"体制外"现象以及企业社会责任的运行缺乏规范监管，因此各部门之间职能划分不清等问题都需要解决。

其次，中央层面需要构建一个企业社会责任的战略目标，并为实现该目标打造良好的政治、经济、法律基础，"精准"出台与落地。

再次，须定位清楚企业、社会组织、社会公众的角色和责任，为相关主体提供精准的引导。建立科学、有效、共治的政策体系，只有精准合理地利用资源，才能促进相关政策的落地见效。

最后，培育企业社会责任的发展环境，通过影响企业、社会组织、社会公众的思想认知来影响企业社会责任活动。

2. 中观层面

我国目前的社会责任制度是以政府为主导的，但是具有中间作用的社会组织和行业协会也是不可忽略的角色。

首先，政府部门要在社会责任方面与社会组织、行业组织进行合作，并将其纳入企业社会责任的政策体系之中。政府与社会组织、行业组织共同制定社会责任的相关政策，并通过其与政府部门的共同努力，推动行业自律，形成行业规范与政府监管合作机制。

其次，要加强政府与企业、社会的协作。通过相关法律、政策文件确立其在社会责任中的地位与角色，防止社会组织被边缘化。

最后，在做出决定之前，政府应该充分考虑社会团体提供的意见和信息。通过政府和社会机构间的协作，可以促进政府精准地控制企业，并建立一套合理的社会责任运行机制。

3. 微观层面

企业与公众是企业社会责任的重要参与者，其角色与影响不可忽视。

首先，企业社会责任的相关政策应当注重企业与个人的认识与行为，而个体的认识与重视是政策执行的前提。加强对公众和企业政策的认同和参与，降低政策实施中可能遇到的阻力。如果企业是自发地履行企业社会责任的，那么其执行的效果就会更好。

其次，企业社会责任的目的是让各企业按照自己的经营理念和价值来制定企业社会责任的行为准则，这样企业就能把企业社会责任融入自己的战略目标中，并且在各个部门制定企业社会责任策略。通过制定适当的企业社会责任策略，对其进行规范和指导，以防止对企业发展产生不利影响，减少不必要的冲突。强化企业的内部控制，也就是说，通过对企业本身的管理控制，可以减轻对政策实施的抵抗。管理者和雇员对企业社会责任的态度是正面的、积极的，管理者对企业社会责任的认同程度也会对其实施效果产生一定的影响。值得一提的是，企业社会责任制度的建设必须注重企业的主观能动性，否则不良的内部控制将导致企业经营效率低下，因而调动企业的积极性是推动企业履行社会责任的重要动力。

五、重视负面报道的重要性

日本一些企业由于自身的负面情况导致企业日渐中落甚至破产，哪怕履行了再多的社会责任也于事无补。由此可见，负面报道对企业发展具有重要影响。媒体报道在市场经济中存在双重身份：一方面，它是一种有效的信息中介，能够凭借自身得天独厚的优势迅速收集信息，并向外界进行及时反馈，有效缓解资本市场信息不对称的问题。网络媒体作为互联网时代的产物，在激烈的竞争下其需要时刻紧盯诸如企业负面报道等各类重大新闻。如果没有网络媒体传播信息，企业的社会责任信息很难出现在大众视野。另一方面，媒体报道在向社会公众传播企业负面消息时，也起到了重要的监督作用。根据压力理论，媒体负面报道会对注重声誉的企业造成外部压力。一般来说，外部压力可分为有形压力和无形压力。有形压力来自政府，具体表现为相关机构颁布的与社会责任信息披露相关的法律法规和政策等。网络媒体信息传播的独特功能导致其具有特殊的监督职能，若出现大量负面新闻，势必引发监管部门的调查。鉴于此，企业会更加注重社会责任信息披露。无形压力来自社会公众，具体表现为社会公众对企业社会责任信息披露情况的舆论监督。企业往往更加注重法律法规带来的有形压力，忽略了消费者在市场中的重要地位。负面网络报道不仅会损害企业在社会公众心中的形象和企业声誉，而且给企业带来的压力在某些方面甚至会超越政策影响。现有研究发现，媒体负面报道越多的企业，社会责任信息披露的质量越高。当企业出现负面新闻报道，且形势愈演愈烈时，由此引发的舆论危机会使企业形象一落千丈，降低企业的品牌效应，并使其失信于公众。此刻管理层为了挽救企业于危机中，维护企业声誉，将不惜一切代价针对媒体的负面报道做出积极反馈，改善企业社会责任信息披露状况。基于以上分析，负面网络报道形成的外部压力最终通过法律制度与公众舆论等引起企业管理层的重视；企业管理层考虑企业声誉和未来收益，将不得不尽力改善自身的公共形象，披露高水平的社会责任信息。

第七章　我国企业社会责任的公司法完善路径

企业的社会责任既是一种强制的法律责任，也是一个十分严峻的社会问题。《中华人民共和国公司法》（以下简称《公司法》）规定企业必须履行相应的社会责任，但是并没有专门性条款和配套的惩罚机制，因此完善企业社会责任的公司法尤为重要。本章分为企业社会责任的实现机制、企业社会责任的法律化体系构建、企业社会责任的公司法完善路径三部分，主要包括企业社会责任的法律实现机制、企业社会责任的强制性实现机制、企业社会责任的非强制性实现机制、企业社会责任的法律实施现状、企业社会责任法律化体系的构建、完善公司法的相关规定、完善公司治理相关模式、完善公司治理结构相关法律制度等内容。

第一节　企业社会责任的实现机制

企业社会责任实现的选择会受到自身对社会责任行为的认知影响，不同的社会责任认知使得企业履责呈现出多种实现方式。实践中企业社会责任的实现方式可概括为制度层面的强制履责要求和企业层面的自愿履行；理论中企业履行社会责任还需要全面联系企业内外部动机，寻找到企业这一行为的动机和实践的连接点。在此基础上，将企业社会责任的实现机制分为强制实现机制和非强制实现机制两类。前者可以看作一种制度约束，社会利益组织通过立法、制度约束等方式向企业提出责任要求，并且建立了相应的惩罚与激励机制。后者是企业自发的实现机制，企业认同履行社会责任能通过价值分享获取竞争优势，实现自身的可持续发展，进一步建立内生于企业可持续发展的社会责任实现路径。

一、企业社会责任的法律实现机制

企业社会责任的内涵十分丰富，它既包含商业利益实现层面，也包含被法律吸收的劳动者权益等内容，还包含那些不能被轻易转变为法律而要靠企业自觉去实现的内容等。法律作为社会治理的重要方式，它也应当在企业社会责任的实现方面发挥作用，通过将企业社会责任中的重要内容转化为法律责任，以国家强制力保障实现，督促企业对这部分责任加以落实。

（一）企业社会责任的法律实现机制内涵

企业社会责任的法律实现机制是指从国家立法、政府机关执法、司法机关司法审判以及企业自身的守法四个角度，通过将社会责任中的重点内容转化为法律责任，通过法律的强制力、执行力、震慑力去促使企业社会责任的履行。企业社会责任涵盖商业诚信、人权保障、环境可持续发展等重要内容。企业社会责任理论要求企业不以追求盈余作为唯一的目的，而是要更多地将注意力放在利益相关者的身上。企业作为市场经济活动中的一类组织体，其本身具有市场主体创造利润、拉动经济发展的功能，但同时它作为社会中的一分子，应当承担一个社会主体对于社会所应负的责任。企业社会责任最初以道德的形式存在，但是随着国家逐步意识到要求企业承担社会责任的重要性，一部分企业社会责任被法律所吸收成为法律责任，这一部分内容逐渐形成了立法、执法、司法、守法四个层面的法律实现机制。

在立法层面，当前我国在各个层级的法律法规中都具有涉及企业社会责任内容的相关规定。以环境方面为例，在 20 世纪末，改革开放的浪潮带领着人们追求经济的高速发展，虽然在这一时期我国的经济实现了飞跃，但是这一结果是以对生态环境和自然资源难以逆转的伤害为代价的。而后国家开始注重生态环境建设与保护，其内容已经被写入《中华人民共和国宪法》。全国人民代表大会制定了围绕大气、土壤、水源等方面的一系列法律，各级地方政府也纷纷出台相应法规去规制企业履行环境责任。

在司法与执法层面，当企业违反法律法规或者政策的规定时，可以由政府机关通过行政处罚的方式予以解决、由司法机关通过审判的方式追究法律责任。以促销活动为例，如果企业进行违法促销可能会承担一系列法律责任，如可能会依据相关条款被处以一万元以下的罚款等。法律的实现需要国家强制力的保障，执法的主动性与司法的被动性相结合可以最大程度地督促企业履行相关责任。

在守法层面，一方面，企业被动地履行社会责任，在国家立法以及相应机关追究法律责任的机制下，企业在市场活动以及自身经营过程中如果实施可能会违反关于社会责任的法律规定的行为时则会三思而后行，法律由国家强制力保证实现，企业的行为在国家强制力的震慑下将受到规制；另一方面，法律的引导作用会督促企业主动地承担社会责任，自觉地遵守法律，为自身的长足发展营造良好的市场环境与社会环境。

（二）企业社会责任与法律责任之间的关系

关于企业社会责任的性质众说纷纭，部分学者认为其完全属于企业的自愿行为，无法律的强制约束力，甚至沦为企业的一种公关手段。

企业社会责任超脱于法律责任与道德责任，它与法律责任是有所重合的，当企业社会责任的内容被纳入法律规制的范围时，这部分内容便成为法律责任的一种，而其他内容仍然以道德义务的形式而存在。通过法律机制去督促企业承担社会责任是当前实现企业社会责任的一种手段，而且是所有实现方式中最有效的一种。若仅以道德去要求企业履行社会责任实际上收效甚微，因为道德本身只能用来约束自己，而不能被强加于他人。企业在不履行社会责任之时仅仅会受到舆论谴责，而当整个行业都不履行某一项道德义务时，舆论谴责并不会对其中的个体产生实质的负面经济影响，对于以追求利润为核心思想的企业而言，其更加没有动力去履行这些道德义务。此外，在当前实施所有者与经营者分离的现代公司制的影响下，企业高管在经营企业的过程中即使自身具有较高的道德追求，并希望根据自己的道德感引导企业切实服务于社会，在实现经济效益的同时也希望进行社会责任的承担，但是这类行为也会被认为是违反职业原则的。经营者用所有者的资产或者收益去履行社会责任，实现自己的道德追求，反而被认为是更加不道德的表现。

在当前企业履行社会责任的积极性普遍不高，违反社会责任的现象层出不穷的情况下，通过法律机制督促企业承担关键社会责任可以充分利用法律的强制性去保障该部分责任的履行。随着企业承担社会责任的要求越来越受到关注，原来作为道德义务的许多内容也应当被给予法律层面的重视，而法律所具备的国家强制力的保障也可以为这类内容保驾护航。法律实现机制的系统性具有无可比拟的优点，通过立法确立相应内容、通过政府职权与司法审判保证实施，并且通过以上举措树立企业的守法意识，督促企业形成内发力履行社会责任，可以说是实现企业社会责任的最佳方案。

二、企业社会责任的强制性实现机制

随着市场机制中资源配置方式以及社会利益格局的改变，企业理应为其发展进程中产生的负外部性负责，从而产生了一部分因为企业行为而需要企业承担的社会责任。对作为营利组织的企业来说，在自身追求利润最大化的同时要想让它让渡自己的一部分利益用来承担社会责任，外部制度的约束必不可少，此时企业承担社会责任的强制性实现机制表现为社会交换中公共性扩张带来的制度约束。

（一）强制性实现机制

1. 政治机制

政府当局会通过宏观调控机制来对社会利益进行分配，企业作为社会的一员，在一定程度上受到国家关于其利益分配的调控约束。

从法律中对企业社会责任行为进行约束。例如，《中华人民共和国民法典》明确提出企业应当"接受政府和社会的监督，承担社会责任"；《公司法》指出企业利益应公平分配以及公司治理等规则；《中华人民共和国消费者权益保护法》《中华人民共和国环境保护法》等要求企业对产品质量、价格等关乎消费者权益的事项负有责任，对其给生态、环境造成的破坏承担责任。

从国家强制力出发推动企业履行社会责任。例如，采取立法手段强制要求企业必须承担一部分社会责任，包括劳动安全、产品质量合格等；采取激励与惩罚措施来保证企业社会责任得以实践，包括规定劳动者休息时间、最低工资水平、违约金、逃税处罚以及税收优惠减免等。

从制度建设着力完善企业社会责任的实现。例如，强制要求相关企业必须定期披露自身经营与发展信息，表现在各上市公司企业年报、社会责任报告等多项可供翻阅的公开信息中；建立社会各群体利益受损时的处理途径，包括失责企业投诉机制、工会谈判机制以及弱势群体保护机制等。

2. 社会机制

社会公众会通过社会舆论、道德力量等隐形强制机制来维护社会公平，企业作为内部成员与外部利益相关者的契约集合，在一定程度上会受到社会其他群体关于自身价值分享的强制约束。

借助舆论信息的约束，建立信息开放以及新闻自由的社会环境。在实践中表现为不负责任的企业一旦公之于众，便会引起消费者、投资者的集体抵制，如拒绝购买、撤回投资等，损害企业价值，阻碍企业发展，因而舆论信息构成了推动企业履责的隐形强制力量，能够约束其行为，推动企业承担相关社会责任。

借助非政府组织的发展，借助外界组织力量对企业提出履责要求，惩戒企业失责行为。在实践中表现为各个行业协会的规范约束以及公众道德引导，也在一定程度上对企业社会责任的实现提供了强制要求。

（二）强制性实现路径

企业需要承担的这一部分强制性社会责任，其实现路径需从政府、社会、企业三方面共同发力，来推导企业承担相应的社会责任。

1. 政府方面

政府从宏观层面采取制度约束来影响企业的行为。政府会根据社会各利益相关者的反映，通过建立一系列的制度来引导市场的有序运行，规制企业各项非法、无序活动。因此，政府当局需要在企业发展过程中适当介入并发挥对市场机制的矫正作用，通过激励以及惩罚机制引导企业采取相应的行为。

2. 企业方面

企业行为会受到利益相关者的利益诉求以及宏观制度层面的约束，企业行为最重要的是受到自身内部治理结构的影响。因此，企业应当逐渐完善内部治理，规范管理决策与行为，将其发展做到符合社会公共利益，避免对利益相关者造成损害，遵守制度规范。

3. 利益相关者方面

每个企业都会有其特定的利益相关组织，各自相互影响，当某一利益相关者不认可企业行为时，会通过社会压力向企业施加惩罚或限制，从而影响企业行为，又会通过表达对企业的认可，推动企业更好地发展。此外，利益相关者的诉求也是社会规则演变的重要参考，为社会立法建规提供了依据。

三、企业社会责任的非强制性实现机制

实践中，即使存在着许多外部规则强制企业承担社会责任，作为逐利的经济组织，企业在权衡自身收益成本之后，如果违反法律法规、制度约束的惩罚小于不去承担的收益，仍然存在拒绝承担社会责任的可能。因为企业的收益是有限的，企业不可能无限制地将自己的收益送给他人，所以诸如商业贿赂、会计丑闻、价格垄断以及环境污染等企业缺失社会责任的事件仍然大量存在。对此，一方面需要从强制性实现机制进行改进，表现为加大惩罚与激励的强度；另一方面需要从企业自身抓起，构建企业与利益相关者的价值分享机制，推动企业社会责任的非强制性实现。

（一）非强制性实现机制

1. 企业资源整合与价值创造机制

回归到企业作为经济组织的本身，进行资源要素的整合与经济价值的创造才是其本质。在日渐成熟的市场化进程中，企业追求经济利益、实现可持续发展的又一重要途径在于获取公众信任、利益合作等社会资本，回避社会责任和被动承担责任、义务已然不是企业的最佳选择，其实现应当内生于企业资源整合与价值创造机制中。

从契约思想出发，企业资源整合机制即是其吸引外部资源投入和整合内部资源使用的过程，在此基础上进行生产与经济价值创造。因而企业要想更好地实现自身的经济目标，获取资源以及更好地利用资源至关重要，从而企业对社会资源的整合能力成了企业获取竞争优势的关键，而承担社会责任则是整合社会资源的有力途径。

这需要企业通过自身行为表现来吸引利益相关者投资，获取更多社会资源的同时提高资源的利用效率，包括制定符合自身实际的价值创造战略和建立与各利益相关者之间的合作规则。具体来看，企业会选择通过规范治理、保证资产状况良好等吸引股东与债权人投资，进一步扩大自身规模、吸引资源与改进技术；通过公平公正择员、提供有保障的工作环境、打造良好的企业文化等使雇员提升企业认同感，获取人力资本优势；通过遵守产品质量标准、严格执行购销合同、恪守诚信等减少市场搜寻的交易成本以及契约缔结的交易费用；通过开展公益慈善活动，支持教育、体育、文化事业等获得政府政策扶持培养、社会公众的广泛支持。同时，企业还需通过定期公开信息的方式，让各利益相关者了解企业价值创造能力以及改进合作规则，达成各方之间的下一步合作。

在企业通过履行社会责任吸引各利益相关者投入各自所有的资源之后，进一步考虑企业的价值创造机制。从新古典经济学思想出发，企业价值创造机制即是其利用各项生产要素进行产品生产的过程。企业要想长期运作与发展，处理好自身与社会其他群体间的合作关系至关重要，从而使企业能够不断地实现经济利润、创造价值，而履行社会责任则是构建利益群体良好关系、吸引投资的有力途径。

这需要企业整合资源，进而建立一个持续高效的生产体系，使其能在经济价值创造的过程中形成独特的竞争优势。企业在市场中取得高于行业平均水平的生产效率，便能吸引社会其他群体投资，形成利益相关关系，进一步实现价值创造的可持续性。企业首先要正确分析自身生存环境以及环境变化趋势来制定社会责任履行计划，其次要合理预计履责能为自身带来的资源优势，最后要确定最佳的企业社会责任战略以求通过价值共享来培育企业的可持续竞争优势，实现可持续发展。

2. 企业价值分享机制

企业作为经济组织进行资源要素的整合与经济价值创造的同时，还需要考虑企业价值的分享问题。合理公平的价值分享机制有利于企业各利益相关者再次将其资源投入企业运营之中，帮助其实现进一步的价值创造；而不合理的价值分享机制，如企业拒绝承担社会责任的行为则可能导致企业各利益相关者撤走资源，终止与企业的合作，从而造成企业资源整合与价值创造过程难以持续推进。因此，企业要实现自身的长期持续发展，应当对其创造的价值进行合理的分享。

（1）考虑企业价值的分享对象

传统经济学观点认为企业只需对股东负责，给付各生产要素与劳动力成本之后的剩余归股东所有。利益相关者理论则提出了企业各利益相关者因其投入自身资源也享有分享企业创造的价值的权利的观点。随着社会的发展，一些社会群体通过资源投入对企业价值的创造过程做出了一定的贡献而成为企业利益相关者，他们会因此对企业提出相应的价值分享诉求。

（2）考虑企业价值的分享原则

企业价值的分享原则在实践中表现为企业股东、债权人以及雇员等按照生产要素贡献大小来分配；消费者、供应商等按照交易成本差异来分配；政府、社区等以税收、罚款等方式强制参与分配。各利益相关者以不同形式向企业投入一定的有效资源，企业运用这些资源来进行价值创造，因而他们在不直接参与企业生产经营的同时间接参与其价值创造过程，理应按照其贡献大小来进行价值分享，否则会采取终止对企业的资源投入、抵制企业发展等行为，因而企业价值分享原则应按照各自贡献大小而决定。

（3）考虑企业价值分享机制中的社会责任问题

此时企业社会责任行为外在表现为企业自愿过渡一部分利益给社会公众，提升社会福利，实则是企业按照以上原则进行价值分享，吸引投资，进而投入下一轮的价值创造过程，实现可持续发展。

具体来看，这一机制应包括：一是企业需采取合理的评价方法来衡量各利益相关者的资源投入比例，尤其是对如声誉影响、品牌效应等非物质资源的投入建立具有前瞻性的预估体系，涉及当前资源整合效率以及未来价值转换等，合理公平地对待各个利益相关者；二是分析前者变动而动态确定企业的价值分享方案，通过社会责任的方式反馈给各个利益相关者，以期实现企业自身的可持续发展。

（二）非强制性实现路径

企业履行社会责任的非强制性实现机制还需要企业认同履行社会责任能通过价值分享获取竞争优势，实现自身的可持续发展。

首先，企业在自身发展进程中会自愿选择履行社会责任来吸引社会资源，将它的实现视为其对利益相关者进行价值分享的外在形式。企业通过规范公司治理、培养良好的雇员关系、多样化企业经营、严格执行产品与服务质量标准、保护环境和开展公益慈善活动，支持教育、体育、文化事业等来对各利益相关者履行责任，据此来吸引社会资源的支持。企业的生产经营需要不断地资源投入，各利益相关者的资源投入则是企业获取资源的重要来源。这包括企业投资者的货币资金投入、雇员的人力资本优势、消费者的购买偏好、政府的政策支持以及社区选择带来的形象与声誉等。在这一过程中，具体来说：一是企业需要建立公平合理的价值分享方案，按照各利益相关者对企业的资源贡献比例进行分配；二是企业需要估量各群体的利益相关度，并据此来动态调整价值分享方案。

其次，企业通过履行社会责任将吸引来的社会资源进行整合。实践中一些在发展战略中涉及社会责任履行的成功企业案例表明其实质上有利于企业摆脱内在资源、能力的束缚，适应外在市场环境，在环境、资源以及能力方面取得突破进而实现自身发展，其内生于企业利益分配、资源整合与价值创造过程中。无论是因企业行为而产生的，还是企业自发选择的社会责任，只要将其履行融合进企业战略之中，就会有利于获取可持续竞争优势来推动企业发展。其具体表现在以下几个层面。

一是环境层面：一方面在市场竞争环境中，企业履行社会责任能帮助企业寻找发展机会，通过将自身运营优势与社会需求相结合，以专业能力解决社会问题，在提供社会福利的同时创造经济效益，从而帮助企业获取产品竞争优势以外的其他竞争优势；另一方面在不断变化的社会环境中，企业需要关心资源环境现状，通过不断适应社会环境与回应社会需要，进行价值分享以满足利益相关者诉求，从而获取可持续竞争优势，实现可持续发展。

二是资源层面：一方面企业有针对性地履行社会责任能通过价值分析提升有形资产、无形资源的投资效率，有利于企业品牌建设，帮助企业获得更高的知名度和更好的形象，进一步获得市场认可。另一方面企业有针对性地履行社会责任能通过价值分享为自身积累社会资源，这既表现为以投资者、雇员为代表的内部社会资本——有利于完善公司治理、增强雇员凝聚力以及建设企业文化，又表现为以消费者、供应商、政府以及社会公众为代表的外部社会资本——有利于获得更多的认可与支持、吸引合作以及建立可靠的社会关系网络。

三是能力层面：一方面企业将承担社会责任与自身发展相联系，通过培育高素质、强专业的创新人才，建立创新型、学习型内部组织，不断为社会创新服务，在对社会负责、增添公共福利的同时形成内部创新型人力资源，培育竞争优势；另一方面企业选择性履行社会责任，更加重视竞争环境与社会环境的变化，综合利用企业资源与能力寻求自身发展机遇，为企业获取可持续竞争优势，提升企业的价值创造能力。

最后，企业取得可持续竞争优势后有利于构建一个高效的生产体系，从而更高效地进行价值创造。企业要想进一步实现价值创造的可持续性，就需要源源不断的资源投入，这使得企业价值分享成了其中重要的一个环节，这就又回到了最初以"履行社会责任"为外在表现的企业对利益相关者进行价值分享的活动。具体来说：一是企业需要制定符合自身实际的价值创造战略和建立与各利益相关者之间的合作规则；二是企业要根据自身生存环境以及环境变化趋势来制订社会责任履行计划，进而再一次吸引社会群体将其资源投入企业；三是企业要合理预计履责能为自身带来的资源优势，确定企业最佳的社会责任战略，以求通过价值共享来培育企业的可持续竞争优势，实现可持续发展。

第二节　企业社会责任的法律化体系构建

一、企业社会责任的法律实施现状

（一）商业诚信责任法律实施现状

遵守商业诚信的客观好处在于其有利于建立公司的信用体系，信用是市场交易的前提，其重要性被普遍认可，如美国通过16项法律建立了信用管理的基本法律体系。诚信原则作为企业社会责任的重要内容，在我国法律规定与实施中得到了高度重视，《中华人民共和国民法典》在总则编中将诚信原则作为民事主体从事民事活动的重要内容加以规定，《公司法》等法律中也对企业的诚信经营进行了规制。而由于信息不对称等原因，我国企业在诚信原则的履行方面还有所不足。

1. 企业信息披露违规现象普遍存在

我国企业在信息披露方面有所欠缺，其主要体现在财务信息内容披露等方面的违规。2014年我国国务院通过出台对于企业信息公示相关的条例，对于如何披露信息、披露哪些信息、在什么时候进行公示以及违反条例规定时应当承担的后果进行了明确的说明，到目前为止，各公司尤其是上市公司信息披露制度已经有了一定的规模。然而，随着证券市场的发展而逐步建立起来的信息披露制度仍然存在不诚信的情况，如2009年五粮液对于供销公司主营业务数据长时间未按规定进行准确披露、2020年年初瑞幸咖啡自爆其在2019年第二季度至第四季度财务造假22亿元、2021年科创新源股东钟志辉信息披露违法违规等一系列案例。企业信息披露违规行为通常发生在上市公司为了缓解财务压力、获取经济利润之时，其出于某种特定目的对企业的资产、利润等财务状况进行欺瞒。常见的信息披露违规动机有获取融资机会、避免被停牌的风险、遮掩企业的违规行为、逃避债权人清偿债务的要求、操纵二级市场的股票价格谋取暴利等。上市公司信息披露违规事件近些年来层出不穷，其信息披露的违规行为主要包括三大类：一是采取虚增收入等方式进行舞弊，从而拟造虚假的企业税后利润、企业资产以及其他的信息；二是故意不披露依法应当向社会公布的企业的特定事件等信息；三是违反证监会对于企业信息披露时间上的限制，对于应当在特定时间予以公告的事项不进行公告，超过规定时间披露信息使得该信息的披露效能大打折扣。

临时报告与年度报告是对于上市公司而言最常涉及信息披露违反法律法规情况的两类报告。临时报告由于其在数量方面与公布的信息量方面相较于其他报告都处于较高的数值，所以是信息披露违规的高发报告类型。2008年在季度报告、中期报告、年度报告以及临时公告中共有60份涉及信息披露违规的报告，其中临时公告为55份，占据了大约92%的比例。而年度报告由于其涉及大量的信息以及其权威性所带来的投资者的最高关注度，通过它披露虚假的企业信息可以为企业获取更高的经济利益，所以相较于中期报告与季度报告更受违规披露行为的青睐。

仅就狭义的企业社会责任的信息披露而言，企业也存在虚假或夸大的成分。我国目前对于社会责任的信息披露采取不同的态度，以上海证券交易所政策为例，它对于一定要向社会公开履行社会责任情况的企业限定在三种类型，分别是在境外上市的公司、金融类的公司、被列为公司治理板块样本的公司，除此之外的其他公司在进行社会责任报告公布方面不做强制要求，但采取鼓励、支持的态度。而目前很多公司进行企业社会责任报告的发布，对外进行这种非财务披露。然而，这种行为多少有一些作秀的成分存在，企业在发布社会责任报告时通常会通过数据通篇呈现其行动的数量以表明承担社会责任的决心。然而，从形式上来讲，企业社会责任的承担却不应仅在于一份工工整整的报告和华丽的数据；从内容上而言，企业社会责任应当包含生态环境保护、可持续发展理念，却不应仅止于此。

2. 企业市场交易违反诚信原则

我国企业在市场交易中存在大量不遵守商业诚信的行为，一方面，体现在企业在市场交易中提供的产品或服务有质量瑕疵。以盈利为目的的企业需要向目标人群售卖自己的产品或者服务以实现资本积累，客户的购买作为企业活动中的重要一环，承担着企业目标实现的重要功能。许多企业为了自身的盈利，在这一环节违背诚信原则，利用客户在签订契约时的一些劣势，赚取了本不应得的利益。例如当年轰动全国的三鹿奶粉事件，三鹿集团为了降低成本，增加利润，在奶粉原料中添加化工原料三聚氰胺从而提升蛋白质检测值，用以替换价格高昂的蛋白质原材料，造成众多食用该种奶粉的婴幼儿患有肾结石病症，甚至发展为肾功能不全的恶劣结果。在该事件发酵之后，国家对于婴幼儿奶粉行业的质量情况提高了警惕，并立即进行了针对全国婴幼儿奶粉行业的检测工作，而当时的国家质检总局在三聚氰胺含量这一指标上检测出来的结果不容乐观，蒙牛、伊利这样的知名企业的产品中均显示存在添加三聚氰胺的情况。虽然国家随后立即采取措施，要求不合格产品立即下架，但是消费者对于国内奶粉的信赖却已如决堤的大坝，难以重塑，时至今日，国内的奶粉市场仍然一片萧条。另一方面，企业在市场经济下存在垄断行为，它破坏了商业上的平衡与稳定，损害了消费者权益，这也是企业不遵守商业诚信的一种体现。企业最常实施的垄断行为有三种，分别是签订横向或纵向的垄断协议、滥用市场支配地位、经营者集中。横向垄断协议是指经营者之间通过意思联络做出一致性行为，而且他们之间本身在市场中是存在竞争的，常见的有垄断性制定商品价格、限制商品数量、对市场进行分割等类型。2018年国家市场监督管理总局就曾因本来存在竞争关系的深圳的两家企业在对于在深圳港西部港区这一地带的市场份额通过达成合意的方式进行了平分，并且通过协商抬高理货的价格对其进行了行政处罚。在实践中企业还常常会采取签订纵向垄断协议的方式去排除或者限制市场经济中的正常竞争现象，他们联合处于同一产业链条中的上、下游经营者，将这些本来在市场中无竞争关系的企业进行联合。此外，同样恶劣的垄断行为还有在行业内占据龙头地位的企业滥用市场支配地位妨碍同类经营者进入市场，经营者之间进行经济力量的集合，从而实现自身利益，虚高产品价格甚至进行超高定价、限定交易、搭售商品等。

（二）人权保障责任法律实施现状

2004 年人权入宪以来，我国逐步建立了关于人权保障的法律体系，就企业这一主体而言，其履行社会责任的重要体现之一便是对于人权的尊重，其直接涉及的人员即是劳动者。我国对于劳动者的保护十分重视，相关法律规定涵盖了求职者到职场人士、工作环境到工作薪酬等领域，然而在实践中众多企业并没有遵循国家法律规定，劳资纠纷层出不穷，劳动者权益的保护仍然是社会热点问题。

1. 企业用工方面存在职场歧视现象

职场上的性别歧视是最普遍的一种歧视现象，众多用工单位在招聘广告上明文列出只招聘男员工或者男性优先的字样。职场性别歧视虽然一直被社会热烈讨论，舆论也一直推动各类关于女性拥有与男性平等的就业机会的相关立法，但是职场中的女性劳动者真正拿起法律武器保护自己的意识却并不强烈。我国于2008 年施行了《中华人民共和国就业促进法》，其中第六十二条明文规定受到职场歧视的个体可以依照该法的规定向人民法院提起诉讼，通过司法的途径保护自身的权益，然而在 2012 年我国才出现第一起以就业中的性别歧视侵害平等就业权为由提起诉讼的案件，更值得一提的是，自这起案件的原告曹某提起立案申请以来，法院迟迟没有进行立案。由此可以看出，对于职场性别歧视的现象，不仅劳动者本身缺少维权意识，司法机关对于这类案件的处理也十分消极。除性别歧视外，职场中的年龄歧视也处处存在。

在就业市场上不只存在对于年龄较长者的歧视，还存在对于初入社会年龄较小者的歧视，年龄歧视已经成为职场中的一种被默认的规则，企业倾向于雇用那些具有一定社会经验、技能丰富且精力旺盛的人群。造成这一现象的原因在于当雇用那些缺乏经验的大学毕业生以及年龄较长的人群时，企业所拿出的雇用成本通常会高于该劳动者实际所具有的价值，而雇用那些年龄处于中间阶段的人群时，企业既不用花费大量成本去培养新员工，也不用担心高龄劳动者无法提供高生产率的问题。目前更为严肃的事实在于年龄歧视并没有被列入《中华人民共和国就业促进法》中所列举的歧视类型，在年龄歧视方面的法律保护还有所缺失。

职场歧视现象远不止上述两种，对于劳动者地域方面的歧视甚至对于劳动者身高、长相的歧视在职场中都一一存在，这些歧视不仅存在于劳动者求职过程中，而且还存在于已经进入企业之后的职场环境之中，部分职工还因此遭受过职场暴力。

2. 企业工作制度侵犯劳动者合法权益

我国对于劳动者权益的保护一直十分重视，无论从立法还是司法的角度都给予劳动者权益以倾斜性的保护，然而在国内企业的生产经营实践中侵犯劳动者基本法律权益的事件依然层出不穷。企业在职工权益维护方面的不到位首先体现在对于劳动者工作时间的不合理延长。随着市场经济的发展，市场竞争压力的增强，许多岗位对职员提出了苛刻的工作时间要求，其中最典型的便是互联网公司的 996 工作制，然而这种要求不仅违背了企业对员工的道德责任，而且还极有可能违反法律的规定。

通常的岗位适用的是标准工时制，而类似地质勘探的工作基于其特殊性，它的工作情况与天气的情况以及一些自然规律相关，并因此可以在周期的计算上采用以周、月、季度甚至年等方式去进行工时的计算。不定时工时制的适用也具有特殊的前提。针对三种工时制度，相对应的加班时间计算方法与加班费均有所不同。而大量提倡 996 工作制度的岗位所对应的工作内容本身并不需要采取综合工时制或不定时工时制对工作时间进行计算，许多企业进行这种不支付报酬且变相鼓励劳动者自发加班的做法实际上是侵犯劳动者的法律权益的。

企业未能提供良好的职业环境并危害了劳动者的安全，这也是侵犯劳动者合法权益的一种体现。保障劳动者安全作为企业的一项法律责任，在实践中常常受到挑战，如松下电池厂镉中毒事件、汉鼎金属公司燃爆事故、富士康 2010 年"十连跳"事件都引发了社会的广泛关注。劳动者安全指代两个方面：一是生理安全，二是心理安全。生理安全是指劳动者在身体上不受工作环境的负面影响而导致受伤、疾病、残疾等情况；心理安全是指员工不受诸如抑郁症等心理疾病的困扰。在目前的职场环境中，劳动者生理安全或心理安全受到威胁的情况均存在，甚至有些劳动者由于在职场受到生理方面的损害进而引发心理疾病。

此外，企业还存在克扣劳动者的工资、在办理离职时对于交接事项处理不到位等问题。2017 年最高人民法院分别审理了唐秀华、任家会这两名劳动者与重庆华润万家的劳动争议，这两起案件中均涉及工资补发、加班费支付等事项。最高人民法院在审理过程中对于这两起纠纷的调查显示，华润万家与两名劳动者签订的劳动合同均显示实行标准工时制，而在实际对职工进行排班时，却在工作日之外还要额外加上一天，同时对这多安排出来的工作时间没有给予加班工资。在最高人民法院的终审判决中认定两名劳动者休息日加班时间为 70 天并要求华润万家支付加班工资。此类案件在实践中并不少见，仅以"劳动者工资"作为搜索条件在中国裁判文书网进行法律检索共可搜索出 99 560 篇文书，涉及用人单位与劳动者工资支付的纠纷占据了劳资纠纷的重要部分，企业对于劳动者获得应有的劳动报酬权益的尊重与维护是有所缺失的。

（三）环境保护责任法律实施现状

20 世纪末以来，我国对环境保护的重视程度逐步提高，目前已经建立了较为完善的包括宪法、法律、法规、条例各层级的环境保护法律体系，其内容也涵盖了水源、土壤、噪声、固体废物等各种类型。

1. 企业废弃物排放违反环保法律规定

我国目前深受生态环境被破坏后的一系列困扰，随着工业文明的进步，生态环境问题已经成为全社会最为关注的话题之一，如目前最受诟病的雾霾问题，这种世界性的大气污染问题困扰着当地居民，空气污染的防治已经被提到重要的地位。与此同时，土壤污染、水土流失、水污染、资源过度开发等同类问题也都一一暴露，并引起了全社会的关注。目前我国对于生态环境保护与可持续发展十分重视，其内容已经被写入《中华人民共和国宪法》。我国从一般层面上对环境保护的法律规定中涵盖了企业防治环境污染，在选择工艺时将最少排放污染物、最高效利用资源、清洁能源作为优先考虑的内容；此外，对特定层面上如海洋领域的环境保护也出台了相关的法律与政策。而与法律对于环境保护的重视相对应的是企业对于环境保护方面的漠视，企业作为环境污染的源头，其未担起应尽的义务是造成当前各类环境污染的首要原因。

2020 年，我国各级法院在一审阶段审结环境资源案件 25.3 万件，在推动实现蓝天净水方面做出了卓有成效的努力，审结环境公益诉讼案件 3557 件，与2019 年相比增长了 82.1%。以上的各项数值从侧面显示了我国企业在环境保护方面的举措仍然缺失。部分工矿企业在施工的过程中污染土壤，化工企业违法排放化学污染物对空气、水土环境造成破坏，甚至有些企业为了躲避市场监管通过土壤裂隙、隐藏的管道对污染物进行隐秘的处置或者直接伪造环境检测数据。在部分企业对于获取利润的狂热追求下，其漠视国家的法律规定，违反国家促进生态保护的基本指导思想，抱着侥幸的心态在法律的底线上进行试探，这种行为屡禁不止，需要政府有关部门引起高度重视。

2.企业资源利用违反可持续发展原则

除了防治污染等生态保护行为，企业在资源利用方面是否能够遵循可持续发展原则也是重要的环境责任内容。目前，部分企业已经意识到大量资源的不可再生性，在法律的规制下积极寻求不损害资源的营利方式。例如，同仁堂有一种本身应当以老虎作为生产原料的虎骨酒，出于保护濒危野生动物资源的目的，其积极研发替代品，最终采用了寒龙骨的技术达到了同样的药效；又如，在捕鱼行业，渔民们从最初的大量专地捕捞中发现，随着时间的推移，他们会陷入无鱼可捕的状态，现在整个海产业均倡导放生幼鱼、不在同一地点过度捕捞的观念，以实现海产业的可持续生存。

虽然我国在资源保护方面已经取得了一些成效，但是目前在资源利用方面仍然存在再生利用率较低的情况。当前我国的资源状况仍然处于一个总量与人均量都不充裕的状态，而对于资源的消耗量却不断增长，如公众所熟知的石油、天然气以及有色金属等资源。目前我国国内资源难以完全支持我国的经济发展所需，在资源方面的对外依赖度也呈现较高的状态，在这种局势下我国的资源利用效率仍然没有得到有效地提高，粗放型的利用方式给我国的资源状况带来了更大的缺口。就当前的资源利用现状，对于我国这样一个人口大国而言，资源的利用率和可再生能力的提高都十分关键，若要支撑经济的高速可持续增长，我国仍然需要督促企业的进行新能源技术等研发工作，实现企业资源保护意识以及能力方面的提升。

二、企业社会责任法律化体系的构建

（一）完善对于企业社会责任的相关立法

国家在对于企业社会责任的相关立法方面存在着缺乏系统性、全面性以及惩罚性机制的问题，要解决上述问题，首先应当建立企业社会责任的相关法律体系，在当前没有对于企业社会责任的内容单独立法的情况下，可以从企业社会责任内容的重要层级入手匹配以不同的法律限制，在此基础上丰富相关的法律规定，对于国家重点关注领域设置详细的惩罚机制。

1.加强企业基本社会责任的强制性法律约束

从立法的角度推动企业社会责任的实现，首先是要加强企业基本社会责任的强制性法律约束。在 20 世纪 70 年代的日本也曾进行过关于企业社会责任性质的探讨，其观点是对于企业社会责任只取法律与道德其中之一进行归纳，而不能将企业的社会责任单纯地归于法律责任或者道德责任。根据威勒（Wheeler）等学者对企业相关利益人的分类，社会利益关系人包括债权人、消费者、供应商以及政府等，而非社会利益关系人包括自然环境、动物保护组织等，这一分类所对应的企业应当承担的社会责任自然具有多元性，目前被纳入我国法律强制性规定的有企业对消费者的责任、对债权人的责任、对环境破坏达到一定程度的责任等，在这之外仍然由道德责任对其加以约束。那么能够被纳入法律的这部分社会责任应当起到确认底线性的道德要求的作用，这也是企业基本社会责任内涵的应有之义。

推进企业基本社会责任的强制性法律约束应当做到以下三个方面。

第一，建立完善的企业基本社会责任立法体系。该立法体系应当按照法律层级从宪法、法律、法规、规章进行构建，明确企业社会责任在宪法中的定位，通过法律对于企业社会责任进行具体化规定，再通过各地方因地制宜地制定地方性法规，层层布局，解决企业社会责任立法散乱的问题。

第二，提高企业社会责任法律法规的可操作性。这部分内容的实现应当通过程序法与实体法双管齐下，就企业环保责任而言，关于诉讼主体的规定范围存在着狭窄且不明确的问题，这加大了提起公益诉讼的难度；就企业产品质量责任而言，在实体法领域缺乏产品质量规制范围、产品信息披露责任等规定，在各类产品的具体标准指定上并不完备，这些都使得司法中的可操作性大打折扣。

第三，严格违反企业社会责任相关内容的惩罚机制。在我国目前已经有大量关于企业社会责任具体内容立法的情况下，企业履行社会责任的状况依然表现平平的一大重要因素在于企业的违法成本过低，在现有的法律后果基础上部分增设惩罚性赔偿不失为一种良好的解决方案。

2. 倡导企业必要社会责任的任意性法律规制

企业必要社会责任指向的是基于企业自身利益实现以及社会整体对企业的必要期待两个层面所决定的具有间接强制性的那部分社会责任，它应当在实现股东权益、保障企业输出的产品或服务的市场竞争力、充分考虑企业职工与债权人等利益相关者权利等方面进行规制。赋予企业对于该部分规定选择性适用的权利，对于企业必要社会责任通过任意性法律进行规范，符合我国当前的倡导方向，2005年《公司法》修订时，将公司自治作为其修订的主题，发生变化的大部分条文都与任意性法律规范紧密相关。"任意性法律规范的拘束力范围是被限制的"，通过任意性法律规制实现企业必要社会责任需要做到以下内容。

（1）充分发挥公司章程的作用

公司章程在发生纠纷时可以作为司法裁判的依据，其对公司内部而言具有公认性，它能够体现公司股东的整体意志，并以制度加以落实。不止如此，公司章程还具有法律所加持的对外公信力，若将企业必要社会责任引入公司章程，将能够充分发挥其正向意义。

（2）在保障契约自由的基础上施加法律强制力

要求企业承担社会责任本质上就是与企业的逐利性相违背，通过查阅多家上市公司的章程，没有任何一家公司在章程中规定了社会责任条款，而社会责任的承担却一直是国家所倡导的公司自治的重要内容，这一情形说明了单靠个体的自觉是无法保障企业必要社会责任的实践的，国家在立法层面上应当对通过任意性法律规制的方式去实现企业必要社会责任施加一些强制性要求，如在公司设立时关注章程审查这一项是否存在社会责任条款，在无社会责任条款的情形下做出不予设立的决定，从而倒逼企业去思考其能够承担哪些社会责任，应该关注哪些相关者的利益，又应当如何制定更加健康、长远的发展路径。

（3）完善企业内部治理结构与股东权益保障机制

企业必要社会责任更多的指向经济责任的范畴，而经济责任的实现与企业自身实力以及股东利益平衡正向相关。企业健康、稳定、正向的运行与其如何在全局性视角下合理分配自身资源、制定整体发展战略、设置组织架构等内部治理问题密切相关，当企业具备完整有效的内部管理体制时，它才能够更好地在运营过程中吸收必要的社会责任，而在股东会、董事会等进行重要决策时纳入必要社会责任考评机制也能够促进企业的正向发展，形成企业在内部治理上的良性循环。完善股东权益保障机制的重点在于中小股东利益的维护，大股东与中小股东的利益平衡始终是公司大事决策高效且有效的重要因素，因此中小股东的权益救济、知情权、表决权与利益分配请求权的保障是企业在做出关于法律任意性规范赋予其自我决策部分明智决定的关键。

3. 促进企业更高层次社会责任的政策引导

企业更高层次社会责任指向的是没有被法律吸纳仅作为道德责任而存在的那部分内容，如捐赠物资的活动。一项单纯的公益性、慈善性活动不能够为企业带来直接利益，甚至会削减企业的流动资金，它具体指代向贫困山区孩子捐款捐物、对残障人士的经济辅助、资助贫困学生等事项。这类事项对于企业经营的加分点往往仅在于树立良好的企业形象，当一个企业能够将一笔资金用于慈善事业，其做出的典型的人道主义行为能够体现其"以人为本、回馈社会"的精神。企业对社会责任从基本内容、必要内容到更高层次内容的履行意愿逐渐递减，甚至对更高层次社会责任的履行存在抵触，因此对于这种更高层次的社会责任不适合施加任何的法律强制力保证其实现，反而应该通过奖励性、倡导性的政策加以促进。

首先，此类政策的制定应当具备使企业获利的属性，具体可以采取税收优惠、提供各类补贴、进行官方表彰等方案。当企业在年度内为慈善事业、公益事业做出的贡献达到某个层级可以由政府或政府授权的行业组织颁发某项荣誉；或者当企业在环境保护领域做出了重大发明、实现了科技进步时给予相应的税收优惠、直接给予研发补贴表示支持。这种方案的好处在于让企业在履行社会责任时能够看到实实在在的好处，如官方认可的荣誉可以为企业赢得切实的口碑，并且被潜在消费群体认可，这将会为企业的未来获利带来合理预期，从而激发企业真正地自愿承担这些更高层次的社会责任。

其次，此类政策应当明确其引导的态度与属性，赋予企业进行选择的空间。这样的好处在于企业可以根据当年盈余情况进行自由选择，在是否进行捐助、捐助何种事项以及捐助多少等方面都有极大的自主性。若政府采取强制性政策，每年都设立具体指标，则会与企业的营利性本位相违背，企业并不等同于慈善组织，企业慈善责任的承担原本就是对于企业未来发展以及社会形象上的加分项，本应是促进社会经济可持续发展以及为企业树立良好口碑的积极举措，若使之变成零和博弈实在得不偿失。企业社会责任政策的引导是一个国家的企业普遍负责任行为的重要条件，而其效力的发挥、制定的考虑均应该慎之又慎，如此方能理智地选择最为正确有效的方案，真正地起到政策的激励作用，实现企业对于更高层次社会责任的承担，实现公共利益，避免在督促社会责任实现的过程中陷入道德绑架、违背企业初衷的困境。

（二）完善企业社会责任的执法与司法机制

在社会主义市场经济的大环境下，政府机关秉持简政放权、服务便民的态度，然而对于当前企业存在的排污弃废、生产残次品等不承担环境责任、诚信责任的行为，执法机关应当充当看得见的手，健全执法机制，发挥应有的作用；司法机关虽然具有被动性，但其仍应当发挥中立裁判的权威性，在树立企业履行相关法律责任的自觉性时期，摒弃调解结案的倾向，提高审判人员的专业性，通过司法裁判的形式进行正确的社会导向。

1. 完善企业社会责任的执法服务与监督机制

完善企业社会责任的执法服务机制，首先，要建立企业社会责任评价体系，落实企业社会责任的体系化监管。行政机关在完善企业社会责任的过程中要强化服务意识，以问题解决为导向。一方面体现在各级政府确保执法诚信，对于承诺的政府补贴、税收优惠等落到实处，为企业履行更高层次的社会责任构造一个法治环境；另一方面体现在政府机关对于因企业未履行社会责任受到损害的个体做好服务，当需要政府利用公权力发挥作用之时成为看得见的手，无论是通过行政调解、事前监督还是事后惩罚的措施，切实服务好寻求公权力机关帮助的个体。

其次，要树立地方政府对于相关责任执法的统一标准。若要真正地发挥执法层面对于企业社会责任实现的力量，应当解决当前执法公信力不足的问题，从政策层面要求政府严格执法，对于企业履行社会责任中的乱象严肃处理，不能让政府的态度随着经济指标的完成度而变化，从而树立政府权威、将行政机关的监督作用落到实处。当前国家已经出台了统一信用平台，要利用网络从预警监测性与执法监督性两方面将这一机制落到实处，逐级下沉，专人专款，责任监督到位，提高行政执行力和执法公信力，发挥行政机关的监督作用。

最后，拥有行政权力的机关在执法过程中要进行重点监察。在"双随机—公开"的制度保障执法有效性的基础上进一步划分企业类型与监察领域，做到薄弱部分重点审查。若某一省市的企业在化学污染方面问题严重，则当地行政机关在抽查化学类企业时应适当提高比例，倒逼此类企业减少甚至杜绝污染。我国行政主体的权利由法律赋予，其职权应当受到法律的约束，实施越权行为要受到法律的制裁。

2. 完善企业社会责任的司法保障机制

作为实现社会正义的最后一道防线，司法在企业社会责任实现中起着举足轻重的作用。公检法机关能否提高自身处理社会责任相关案件的能力、在信息高速传播的时代使每一个案件的处理经得起公众检验，并最大程度地助推企业社会责任的实践是当前对于司法保障层面提出的要求。

完善企业社会责任的司法保障机制首先要做到提高司法机关人员对于企业社会责任案件的整体把握水平。企业社会责任案件涉及的法律内容十分广泛，食品、药品安全，产品质量问题，企业间的不正当竞争，企业违法排放污染物对水资源、土壤资源、大气资源等造成的污染和破坏，垄断性价格侵犯消费者权益，对于劳动者权益的侵害等内容都属于企业社会责任案件的范畴；此外，这类案件还通常都会涉及商业问题，具有较强的专业性与前沿性。这对于案件处理人员、审判人员的专业能力与综合能力都提出了不小的挑战，公检法系统可以定期印发关于企业社会责任案件的分析资料与研究文件，推动相关人员密切关注企业发展动向，多方面提高司法机关人员处理这类案件的能力。

另外，发挥司法作为最后一道防线的作用，对典型案例严格审判并作为指导案例向社会公布也可以起到震慑违法行为的作用。企业社会责任无小事，它涉及商业运转、可持续发展与人权保障等多个领域，仅就食品安全问题而言，食品企业在生产的产品质量上若存在问题，掺杂、掺假抑或为了达成国家检验的某一个指标寻找价格低廉的替代品都有可能危害生命安全。针对这类案件，司法机关应当具备高度的警惕，如果涉及刑事问题还应当追究企业违法犯罪行为的责任。当前司法机关调解结案的倾向也应当予以纠正，在信息传播速度飞快的今天，司法机关对于典型案件的处理能够影响每一位社会不特定个体，对于企业不承担法律责任甚至触犯刑法的案件应当予以中立的审判，以最大限度地起到司法的震慑作用。

（三）提高企业履行社会责任的守法意识

根据布兰查德（Blanchard）提出的 5P 原则：目标（Purpose）、自豪（Pride）、耐心（Patience）、专一（Persistence）、洞察力（Perspective），企业若要强化道德责任，减少违反伦理的实践，需要树立一个正确的愿景，在自豪感的指引下避免进行不当行为破坏公司荣誉，达成追逐短期利润与长期发展之间的平衡，坚持遵守规范的承诺，并且对自身进行不定期的反思。

1. 发挥公司章程的自治作用

公司章程具有自治性，其法律依据在于《公司法》的规定体现了其是一部具有任意性的法律。首先，《公司法》的性质绝不是纯粹的强制性。2005 年，我国的《公司法》修订中新增了多处"公司章程另有规定，从其规定"，从而赋予股利分配、股权继承、股权转让以及表决权行使等多项内容以章程自治的权利，并且在现行《公司法》中也已经将传统的公司资本法定转变为公司资本章定。这些变化赋予了公司依据章程自治的空间，也可以体现立法者对于拓宽公司章程自治范围的积极尝试。公司章程的法律性质主要有设立行为、合伙合同以及共同行为三种，综合国内各位学者的文章，对于公司章程性质的主流观点是，公司章程属于共同行为，它具有对世的效力，这一点已经超出了合同行为的范围，它并不是仅仅约束订立章程时的各位股东，它也对后来进入公司的股东以及公司的高级管理人员、公司员工都存在着强制的效力。公司章程正是以这种形成方式以及效力进一步确认了其自治的性质。在这一层面上，公司章程所承载的意义就不仅仅是公司个性化的治理方式，还应该从条文规定中去实践并印证法律规定及法律精神。

公司章程应当充分发挥其自治性，将社会责任的承担囊括进其条文之中。在《公司法》倡导积极承担社会责任的理念下，公司章程作为公司在治理中自我约束的重要文件，贯彻《公司法》的理念并发挥主观能动性进行细化是公司章程的重要价值之一。目前，许多公司的章程一味照搬《公司法》中的强制性规定，或者依据模板化的公司章程参考文件加以制定，这破坏了《公司法》赋予公司章程的重要意义，长此以往，公司章程将逐步失去其价值。

2. 完善企业的信息披露制度

提高企业信息透明度就要求企业要逐步提高信息披露意识。我国对企业公示的信息实行年检的政策，如果发现企业的信息披露存在违法违规的现象，其将接受相应的行政处罚。企业信息披露作为保护债权人利益的一种方式，信息披露的诚信属于社会责任项下经济与法律责任的一种。

企业社会责任的经济责任核心是针对股东和债权人的利益，将企业信息披露的诚信意识引入公司治理，以有效地平衡股东利益与债权人利益。现代商业环境的运行经验表明，诚信是整个市场经济健康发展的基石，而信息披露的诚信可以有效地解决信息不对称所带来的隐患，最大限度地减少商业交易中发生纠纷的可能性，促进投资者进行资本投入与市场交易的顺利进行。债权人现在通过注册资本保障债权实现的机制被显著弱化，在此种情况下若企业无法诚信地承担信用信息公示责任，将大大提高债权人判断目标企业实际资产状况的难度，进而影响交易效率。真实性是企业信息披露制度的最基本要求，这就要求所披露的信息内容既能反映资产的安全性，又能反映资产的营利性。于公司治理中构建信息披露诚信规则并形成相应意识不仅能够保障债权人的利益，而且也有助于提高企业交易的效率，降低企业交易的成本，提高企业的经济利益。

另外，可以将信息披露诚信条款引入公司章程中，其具有实践中的可操作性，企业可以在现有披露制度的基础上进行自我完善。现行的对于企业信息公示的国务院条例对企业信息披露的途径、内容、时间以及法律责任进行了规定。到目前为止，各公司尤其是上市公司信息披露制度已经有了一定的规模，然而随着证券市场的发展而逐步建立起来的信息披露制度仍然存在不诚信的情况，这就要求发挥主观能动性，在企业内部建立符合诚信原则的信息披露规范。路易斯·布兰代斯（Louis D.Brandeis）曾指出公开对于治理现代社会弊病的重要作用，而信息披露制度作为公司信息公开的一种方式，正是将企业置于阳光之下、防止蛀虫入侵的最好方案。真实性作为信息披露制度行之有效的基石，其地位应当被重视。于公司章程中规定信息披露诚信条款符合平衡股东利益与社会利益以及具备可操作性的标准，其引入将为企业的健康、长足发展打下深厚的基础，对企业而言具有重要作用。

（四）建立企业社会责任的评价体系

1. 企业社会责任评价体系构建的必要性

（1）外部环境的约束

三重底线理论认为，企业在日常的生产经营过程中必须坚持经济底线、环境底线以及社会底线这三重底线，即企业必须履行最基本的经济责任、环境责任以及社会责任，其中环境责任表现为企业在生产经营的过程中要承担保护环境的责任。近年来，我国环保标准逐渐提高，"十三五"规划提出了"创新""协调""绿色""开放""共享"的新发展理念。同时，2018年国务院印发了《关于全面加强生态环境保护 坚决打好污染防治攻坚战的意见》，这一系列决策部署充分体现了党中央及国务院解决生态环境问题、满足人民日益增长的优美生态环境需要的坚定决心和坚强意志。

不仅如此，可持续发展理论提出企业在其自身的生产经营过程中必须要兼顾环境的发展以及社会效益。在国家环保标准逐渐提高、社会公众环保意识逐渐增强的情形下，社会公众对企业环保等方面的关注度也逐渐上升。根据社会契约理论可以知道，社会各界支持并配合企业发展的同时，企业也需要向社会各界履行社会责任，而构建一套科学、完整的社会责任评价体系将有助于企业深入贯彻党的十九大中关于打好污染防治攻坚战的要求及全国生态保护大会会议精神，加快实现安全环保绿色发展，有助于企业更好地履行其社会责任，为打好污染防治攻坚战做出更大的贡献。

（2）内部管理的需要

①有利于企业加强社会责任管理与考核。根据利益相关者理论可以知道，企业应该兼顾与企业生产经营活动有关的各关联者的需求与利益，平衡不同利益相关方的需求及利益诉求，在提升企业竞争力的同时促进整个社会的可持续发展。

而为企业构建一套相对科学完整的评价体系不仅能够更好地评价企业在环境保护方面做出的贡献，而且也有利于企业内部更好地进行社会责任的管理，同时也能使企业的各利益相关方及时地了解到企业履行社会责任的态度及真实情况，进而决定自己的下一步决策，从而更好地维护各利益相关者的权益。企业目前在社会责任履行及评价过程中存在诸多的问题，更加需要构建评价体系来发现这些问题并有针对性地解决，进而加强企业社会责任的管理与考核，进一步推动社会责任的履行。

②有利于企业提高社会声誉与竞争力。根据信息传导理论可以知道，为企业构建一套科学合理的社会责任评价体系不仅有助于企业履行好社会责任，同时也可以为其积累良好的社会声誉，打造一定的品牌影响力，进一步提高企业的竞争力，最终赢得市场和消费者的认可；同时能够潜移默化地改善企业的文化建设和产品质量等，进而促进企业自身能力升级。此外，企业进行社会责任管理的同时能够使其了解自身在履行责任的过程中存在的不足，使其能够顺应时事不断地调整战略布局，提高企业的软实力及口碑，最终实现企业及社会的全面协调可持续发展。

2. 企业社会责任评价体系有效运行的保障机制

构建企业社会责任评价体系旨在推动企业更好地把握社会责任内涵，指导和规范企业履行好各项社会责任，以实现企业及我国经济社会的可持续发展。确保该评价体系的有效运行就需要企业内外部共同的支持，并建立与之相适应的保障机制。

（1）建立企业评价体系推进的内部机制

①进一步提高企业管理层的社会责任意识。企业管理者的行为在企业文化建设中居于主导地位，并对企业文化产生重要的影响，企业的管理者会在日常的经营过程中不断地通过正式或者非正式的方式传达企业的价值观及理念。因此，要想该评价体系在企业内部推进并有效运行，就必须要提高企业管理者的社会责任意识。因为企业管理者社会责任意识的高低将直接影响整个企业的社会责任的履行情况，只有企业管理者提高了社会责任意识，将社会责任观念融入企业的发展战略中，才能更好地在整个企业内部传达和履行社会责任精神，同时也能够引导企业各部门及员工更好地建立社会责任价值观，进而由上而下地推进社会责任体系在企业的有效运行，为企业的健康、稳健运行打下良好的基础。

②建立规范的企业社会责任管理制度。要想使企业社会责任评价体系在企

业内部有效的运行仅靠管理者及各部门、员工等的社会责任意识是不够的，还需要建立一套规范的企业社会责任管理制度，将推进企业社会责任建设的各项措施落实到企业的制度上，将企业责任评价纳入企业整体社会责任管理制度中，企业制度的确立不仅能够引起员工的重视，规范企业全体员工的行为，进一步深化企业内部有关社会责任的管理，而且还能使企业内部的社会责任管理更加正规化、专门化和日常化，降低各部门、员工对待社会责任履责方面的随意性，能够使其积极参与社会责任建设，更好地推进该评价体系的运行。

③设置在单独的社会责任部门。目前，企业内部没有一个单独的部门进行社会责任的管理，可能造成各部门之间的相互推脱，不仅不利于企业社会责任的履行，而且也不利于该评价体系在企业中的有效运行。针对这种现象，可以在企业内部设置单独的社会责任部门，对企业内部社会责任的履行情况进行核算、监督及评价，使该部门直接参与整个企业的社会责任管理，对社会责任履行的各个环节进行监管和评价，针对出现的问题，及时督促各部门改进。同时，作为整个评价体系的主要参与者，企业也应该加强该部门人员的素质培训，因为该部门员工素质的高低将直接影响评价体系的运行效果。

④衔接好社会责任绩效与绩效考核。目前，企业在绩效考核中并没有将社会责任绩效考虑进去，这就造成了部分部门、员工对社会责任不重视，因为大部分部门及员工只重视自身的利益，而忽视社会责任等情况，为了自身业绩超额排放污染物等现象屡见不鲜。只有将社会责任绩效与绩效考核更好地衔接，各部门、员工才会重视其社会责任的履行状况。为了更好地推进该评价体系，企业可以为各部门设置社会责任绩效目标，并制定一定的奖罚机制，直接与绩效考核相衔接，针对社会责任绩效不达标的部门或者个人，其绩效考核分值相应地降低，使社会责任绩效直接与员工自身的利益相联系，从而有助于该评价体系在企业内有效地运行。

⑤加强社会责任沟通。企业可以通过发放宣传册、自主学习以及组织培训等方式与企业内部各部门、员工之间加强社会责任的沟通，进而提高整个企业内部的社会责任意识。同时，企业可以通过原材料采购及产品销售等过程加强与供应商及消费者的沟通，对其承担社会责任的同时引导他们提高社会责任意识、更好地履行社会责任，带动产业链上的合作伙伴共同发展。同时，企业也应该与其他各利益相关方进行意见沟通，如对周围社区及政府等加强社会责任沟通，不仅能够使企业随时了解各利益相关方的需求，而且还方便企业管理层根据内部绩效评价和外部沟通的结果，对其社会责任履行情况进行持续的改进。

（2）完善企业落实评价体系的外部机制

①政府方面强化管理。政府作为市场的监管者、公共服务的提供者和经济社会的管理者，加强企业社会责任的管理能够引起企业的重视，从而有助于评价体系在企业内部有效地运行。例如，政府可以通过制定相关的法律法规强制企业履行社会责任，将企业不履行社会责任的行为上升至法律层面，提高违规成本，针对企业履行社会责任不达标的情况予以相应的处罚，对履责情况较好的企业，政府也可以给予一定的奖励。同时，政府还应该加强监督管理，对企业社会责任的履行情况进行不定期抽查，尤其是对履行社会责任情况较差的企业，加大整治及抽查力度，倒逼企业在内部推进社会责任评价体系，以使其更好地履行社会责任。

②社会公众层面积极构建社会监督机制。企业履行社会责任不仅需要政府加强监管，而且还需要社会公众等的监督。首先，大众媒体具有很强的传递性与普遍性，通过大众媒体加大对社会责任的宣传不仅能够引起社会公众及企业对社会责任的重视，而且能够正确地引导公共舆论导向。其次，应发挥社会公众的监督作用，对发现企业在承担社会责任时出现的问题及时向社会公布，督促企业运用该评价体系发现自身履行社会责任过程中存在的不足，从而有针对性地进行改进，积极主动地承担社会责任，实现自身的长远发展。

（五）完善企业社会责任信息披露制度

企业社会责任的实现不能仅靠企业自身的道德自觉，还需要各方从外部进行监督，而有效的外部监督的前提是企业社会责任信息的及时有效传递。无论是立法者、政府还是企业利益相关人都必须通过这些信息掌握企业动态，从而做出科学决策。同时，信息披露制度还有助于企业社会责任信息使用者客观、准确地评价企业履行社会责任的情况，发现问题，从而科学合理地制定企业社会责任战略和规划，有效开展企业社会责任活动。

当前我国许多企业为了获取经济利益，有意识地隐瞒企业社会责任相关信息和传递虚假信息，造成严重的社会问题。究其原因主要是我国尚未对企业披露社会责任信息制定相关法律，缺乏强制性以及规范性的指引，使得我国企业对披露社会责任信息较为消极。因此，亟须完善我国企业社会责任信息披露的法律制度。

1. 规定企业社会责任信息披露的法律主体

我国现有法律法规对企业社会责任信息披露的主体规定得过于狭窄和不确定，仅规定上市公司是信息披露的主要主体，其他类型的企业原则上承担企业社会责任，但不必然履行披露义务。按照不同的分类标准，不同类型的企业应当承担不同的企业社会责任信息披露义务。

首先，应按企业的规模划定企业社会责任信息披露的标准。其次，按照产权的性质、上市与否、对环境的影响程度进行下一层次划分。依照企业规模划分为大中型企业和一般中小企业。前者在国家经济中有重要地位，对经济活动影响很大，因此其应该承担更多社会责任，进行更全面、更广泛的社会责任信息披露，而且必须是强制披露，披露的范围、形式必须由法律法规规定。而后者可以在纳税和进行工商登记、年检时自愿进行登记、披露。

依据企业产权性质分为国有控股企业和非国有企业。前者涉及更多员工，在经济社会活动中有垄断性和广泛性，应当强制承担更多的企业社会责任信息披露义务。政府应出台专门的《国有控股企业社会责任信息披露办法》，强制国有控股企业履行相应的披露义务，使其透明度最大化，真正成为人民的公司。而后者可以以自愿披露和强制披露相结合的方式进行披露。

依据企业上市与否的标准，对于上市公司，应通过证券交易所尽快出台《上市公司社会责任披露指引》。

依据企业对自然环境的影响进行划分，对自然环境影响严重的企业应该强制性披露企业社会责任信息，而对环境污染较小的企业，则可以进行自愿披露。

2. 明确企业社会责任信息披露制度的内容

企业社会责任信息披露的内容主要包括以下两部分。

（1）强制性披露内容和自愿性披露内容

①强制性披露部分是由国家制定相应的法律法规，强制企业披露的信息，主要采取列举式规定，包括环境责任（能源节制、环保制品、污染防控、环境恢复、废品回收以及其他环境责任披露）和雇员责任（雇员工作环境安全、身心健康、雇员培训、雇员业绩考核、雇员失业保障、雇员福利披露）。

②自愿性披露部分由企业根据法律法规的指引进行选择性披露，可以不需要采取列举方式规定，包括社区责任、普通社会责任（社会捐赠、关照弱势群体、安全教育等）、消费者维护责任、其他社会责任。

（2）披露方式和时间选择

依据企业的不同性质，可以选择不同的媒体在不同的时间进行披露。大型国有控股企业应当选择全国性的媒体进行披露，而中小型高环境污染的企业应选择与所在区域环境密切相关的地方媒体和行业媒体进行披露。

3. 开展企业社会责任信息披露的审计工作

在企业社会责任报告发布后，还需要聘请独立的第三方对企业社会责任报告进行审计。通过审计的社会责任报告有着更好的完整性、准确性和公允性，既能排除企业不实自我评价的嫌疑，增进公众对企业的信任，又能促进企业加强社会责任信息采集、处理和披露质量的提升。企业社会责任信息披露审计就是第三方对企业社会责任信息披露内容进行监督、审计的过程。从审计主体方面来看，就我国而言，可以规定让国家审计机关作为国有大中型企业的审计主体，可以较少受到利益因素的左右；可以让注册会计师事务所作为一般企业的审计主体，不但可以为一般企业节省成本，而且也可以提高审计效率。从企业社会责任信息披露审计的标准和内容来看，应当由国家制定，在 SA8000 或其他标准范畴内，按照企业社会责任信息披露的主体标准，进行内容审计。

（六）整合以经济法为主体的非公司法规范体系

1. 协调统一经济法体系中关于企业社会责任的法律规定

将分散的企业社会责任规范，确定其社会利益本位的法律理念，并且增补或修改相关法律条款，以不同的角度、全方位构建促进企业践行社会责任的法律框架，如破产法对企业债权人的保护；产品质量保护法和消费者权益保护法对消费者利益的维护；自然资源法对企业所在社区环境的保护；反不正当竞争法、税法对市场公共秩序的保护；等等。在上述法律中必须建立起内蕴一致的社会责任价值追求，兼顾各方面的利益。同时在对以上法律进行整合、添加、完善的过程中不仅要增补相应的企业社会责任实体性的义务内容，而且还应当注意程序方面的立法，并且要注意对相关条文进行司法解释，使企业社会责任内容更加具体化，在实践上具有可操作性。

2. 在法律中明确企业负担企业社会责任的主体地位

现有法律中提到社会责任主体问题的仅有《公司法》，然而事实上，企业社会责任的负担并非只有商业性的公司，其主体范围是很广的，可以概括为经营主体。只要是存在经营行为的组织，我们就认为其应当负担企业社会责任。因此，应当在如《中华人民共和国个人独资企业法》《中华人民共和国合伙企业法》《中华人民共和国乡镇企业法》等企业法律法规中对企业社会责任进行全面细致的规定。

3. 分别进行改革

这里由于篇幅的原因和涉及多方面法律的复杂关系，不能将所有的法律论述完全，只选择其中比较有代表性的几个问题进行论述。

一是通过加大惩罚性赔偿促使企业履行其对消费者的责任。消费者是企业履行社会责任的最主要相对方。《中华人民共和国消费者权益保护法》所确立的双倍赔偿制度可以促使商家履行其对消费者的责任。这种双罚制在实质上体现为经济法上责任的追究，是以保护社会公共利益为首要目的的。从微观上加大对不法企业的惩罚性赔偿能够有效控制企业的行为，对于企业的行为是一种"威慑"，更能在宏观上达到遏制不法商家的效果。以此为启发，应当加强企业社会责任法律中经济法责任的设置，增加对于违反企业社会责任行为的惩罚性赔偿内容。

二是推进企业在环境保护方面的社会责任。我国在 1989 年颁布了《中华人民共和国环境保护法》，但是在环境保护形势发生巨大变化的今天，这部法律已经难以适应当下环境保护的需要。例如，清洁生产问题、循环经济问题以及因环境污染和滥用动植物等而导致的流行病和环境灾难等方面的问题没有纳入法律调整范围，亟须增加。此外，还应加强对环境进行科学评估的评估类法律建设。

三是加快企业社会责任投资的立法。近年来，企业社会责任投资、社会责任基金在我国发展较为迅猛，针对企业社会责任投资的立法也应提上日程。特别是投资者在对于上市公司进行价值评估时，应当将企业社会责任作为定价的一个因素，把包括企业对其员工、供应商、消费者、环境等利益相关人的责任履行状况作为其上市价值的评价因素。

4. 建立以税法为主体的企业慈善捐赠激励机制

一是要合理考虑税收优惠的激励制度，提高税收减免必然会极大地促进企业进行捐赠的积极性，对我国的捐赠事业有极为深远的意义。考察美国的税收法可以发现，其明确规定鼓励个人和机构向慈善机构捐助，其所捐助的资金都会有相应的减免政策，而且规定了捐赠对象为特定团体，如公益、社会福利、宗教团体等，同时对捐赠方式做了区分，分为对政府的捐款和专项捐款，享受减免税收，或者按比例对捐款限额进行扣除，这个因企业和团体的类型不同而不同。相比之下，我国的企业捐赠税收优惠规定的"一刀切"措施过于死板，存在很多弊端。应该针对不同的公益项目所处领域不同，采取不同的税收减免措施和幅度。针对部分因自然条件造成灾害的地带可以放宽减免税的比例或实行免税，以此推动企业捐助的进行。

二是在税法中还应该对企业捐助的对象有明确的规定。只要企业的捐赠具有公益性，就应当享受税收优惠政策，这应当作为一条原则写入税法，至于对象有哪些和是否有公益性可以由税务机关根据实际情况加以断定。

第三节　企业社会责任的公司法完善路径

对于企业应不应该承担社会责任，我国理论界在刚刚接触社会责任时有过争论。但是，由于我国对该理论的发展较晚，如今已经基本形成了企业应当承担社会责任的观点。2005 年修订的《公司法》将社会责任条款作为《公司法》的原则之一写入《公司法》总则后，由于规定的模糊性，无论是在司法实践中还是公司经营实践中，都造成了一些困扰。

一、完善公司法的相关规定

（一）明确社会责任的内涵

我国《公司法》第五条对社会责任的规定仅仅属于一条原则性的模糊规定，既没有明确社会责任的概念、内容、履行社会责任的主体，又没有提供履行社会责任的具体方法。这可以认为是目前产生困境的根源之一。我国在司法实践中已经有相当多的判决中提到了"社会责任"字样，但是具体到合理运用《公司法》第五条来进行审判的案件数量却并不多。因此，首要问题是应当明确社会责任的内涵，为司法实践中和企业经营实践中承担社会责任提供明确的指引。

对于企业社会责任的内涵，理论界和实务界都存在不少的争议，现在也确实是一个难以具体界定的问题。对此，根据国内外学者的研究，结合利益相关者原则，在《公司法》中可以采取内涵式加列举式的定义方式，明晰社会责任的内涵。例如，可以在第五条后加入一款，给社会责任下一个定义，而在其后列举一些外延式的行为来辅助判断；同时可以引入利益相关者理论，在第五条后加入：社会责任是指企业在经营活动中，在最大限度地谋求股东的利益之外，应当尊重其他利益相关者，并负有使社会保持良好的持续发展的义务，并可以在司法解释中对社会责任具体包含的外延进行列举，从而使社会责任的概念在《公司法》体系中得到明确的完善。

明确社会责任的内涵及外延之后，才能够对企业的具体经营决策做出合理的指引，从而使司法机关可以有更明确的指导来进行审判，执法机关可以更好地对侵害社会责任的企业进行处罚，从而使我国的企业社会责任制度得到良好发展。

（二）增加不履行社会责任的惩罚机制

由于我国目前的《公司法》对社会责任只有一条原则规定，而没有规定违反该原则导致的法律后果。对于承担社会责任，虽然我国在如《中华人民共和国消费者权益保护法》《中华人民共和国环境保护法》《中华人民共和国食品安全法》等各部门法中规定了企业在实施了具体行为后的惩罚措施，但大多数惩罚主体为公司，对于直接责任人的惩罚仅有一些具体的情形。当公司董事不履行社会责任导致侵害公司权益时，虽然股东可以依据《公司法》第一百五十一条提起股东代表诉讼，但股东往往并不会实际去起诉。更何况现在大多数中小型公司股东就是决策者。而对于社会责任的立法本身就不够完善，有许多应当承担社会责任的情形并未被包含到各部门法中。在目前的市场经济下，经常会有一些企业只顾追求利益，而不顾社会影响，做出侵害社会权益的行为，甚至一些企业铤而走险，为了利益而完全不顾社会责任。没有相应的惩罚机制，企业社会责任就不会受到严格的遵守。

对此，可以在《公司法》第十二章法律责任部分增设一条，即企业出现不履行社会责任，严重侵害社会利益时，应当对其进行处罚，并规定具有操作性的处罚机制，设置处罚标准，追究企业具体的民事责任、行政责任。当然，对此要经过商业判断规则的审查。如果董事不存在违反注意义务或有其他重大过失的情况，就应当受到商业判断规则的保护。

另外，为强化企业经营者履行社会责任的意识，提高其对社会责任的重视，在对惩罚措施进行规定时还可采取"双罚制"，即同时处罚公司和做出决策的责任人，使经营者真正承担起社会责任。不过仍应对具体情况进行考虑。例如，在一项侵害社会责任的决策做出并实施后，如股东、董事在股东会、董事会表决时投反对票，则该股东、董事可以免责。这样可以使管理人员在做出决策时更加慎重，从根源上杜绝侵害社会责任的行为。

二、完善公司治理相关模式

（一）以利益相关者原则为导向

对于利益相关者条款，我国证监会在《上市公司治理准则》第八章利益相关者、环境保护与社会责任中，规定了上市公司应当尊重利益相关者的合法权益，以及应当履行社会责任的内容。虽然该法规仅适用于上市公司，不过依然可以认为我国目前已经具有对于利益相关者原则的立法发展。关于这些条款的性质，依然属于倡导性规定，并不具有可诉性。尽管在《上市公司治理准则》第八十四条中规定了利益相关者的合法权益受到侵害时应当有机会和途径依法救济，但其进行救济时主要还是依据其他的民商事法律。

我国目前的《公司法》中关于社会责任的规定的缺陷之一就是目前规定的原则过于宽泛而缺乏可诉性，从而需要对具体情形从法律条文的规定上进行细化。

现代的公司制度是基于所有权和经营权相分离的治理模式所构建的。在这种模式下，公司的意思往往形成于董事之中，而吸收董事的意思并做出决议的董事会就成了企业经营中的一个重要决策机构。目前，《公司法》对于董事会的权力的规定主要在于企业经营方面，几乎没有提及在承担社会责任方面的内容。例如，《公司法》第一百四十七条也只规定了公司董事应当对企业承担忠实义务和勤勉义务，而没有规定对其他利益相关者承担义务。可以依据利益相关者原则，要求董事在做出决策时对其他利益相关者负有信义义务，承担保护股东与公司之外的其他利益相关者利益的责任。信义义务的外延赋予了董事一项新的义务，那就是董事在对公司和股东承担信义义务之外，还应当承担社会责任义务。不过，《公司法》不应将利益相关者与股东置于同等地位，甚至利益相关者的地位优于股东，过分强调利益相关者的地位会影响股东的投资热情，甚至影响整个《公司法》制度的根基。因此，在制度设计层面就应当首先保障公司、股东利益，即要求董事首先对公司和股东负信义义务，在此基础上再尽可能考虑利益相关者的利益。也就是说，企业社会责任在股东与利益相关者的利益不断调和的过程中得到实现，董事义务的冲突与协调又是其中的重要环节。因此，在《公司法》中对董事的信义义务进行规定时，可以要求董事在决策时应当充分考虑各方的利益，以平衡协调的方式使各方利益在决策中都能得到实现。同时，为了防止利益相关者的范围过于宽泛，在《公司法》中对于利益相关者具体都包括哪些主体进行一个列举式的规定，使董事在决策时具有更加明确的操作依据。而一旦有了明确具体的规定，在发生一些侵害社会利益的情况时，相关当事人也可以依据具体的条款提起诉讼，提高了可诉性。

（二）设立社会责任委员会

随着经济全球化以及社会的不断发展进步，企业合规也已经成为越来越重要的话题。合规的含义是多方面的，从公司及其治理的视角来看，合规更多表现为商业伦理、企业社会责任的内容。企业管理者应当考虑所有利益相关者的利益，并对其负责，这是利益相关者理论的要求。在公司治理中，可以通过构建相应的管理机构对决策是否符合社会责任进行专门审查。可以在董事会层面推行独立董事或者委员会制度。例如，目前许多大型公司都单独设置社会责任委员会，来专门监督企业管理层在进行决策时是否已经考虑到了社会责任，是否会侵害其他利益相关者的权益。

在公司治理中设置社会责任委员会主要有两种方式，其一为以董事会下设的机构的方式设立社会责任委员会；其二为只在公司管理层中设立社会责任委员会，而并不隶属于董事会。以我国目前情况看来，这两种方式并不存在太大的差异。我国证监会发布的《上市公司治理准则》在第三章第六节规定了董事会下设的委员会，但是主要规定还是集中于审计委员会、提名委员会、薪酬与考核委员会等。而且这三大委员会设立的主要目的还是在于规范公司治理行为，主要关注于企业商业经营的过程，并没有涉及对外部社会的影响问题。不过要求上市公司设立专门性委员会的规定也对我国另外规定社会责任委员会在一定程度上提供了理论与实际参考。

由于并不是所有公司都普遍设立了社会责任委员会，而且目前也没有明确的法律法规对该机构予以指导。因此，对于社会责任委员会的制度设计，可以通过法律明确规定的方式，也可以通过要求企业制定相关规则的方式。具体来说，首先，应当明确社会责任委员会的具体负责内容，即将企业中可能涉及社会利益的决策都经过社会责任委员会的审核、评估。其次，应当明晰社会责任委员会的工作方式，即具体在企业中如何参与决策，通过何种方式来对企业前期决策做出监督与制约。最后，应当赋予社会责任委员会一定的管理权限，对社会责任活动进行管理，使不履行社会责任的决策无法通过实行等。

另外，在中小型企业中，如无法像大型企业一样设立社会责任委员会，也应当寻求其他替代性解决措施。可以根据企业人数、规模、运营成本、经营范围对社会的影响等，制定企业内部履行社会责任的规范性文件，将监督社会责任履行情况委任给已有部门或单独设立部门，以在商业经营环境中履行社会责任。

三、完善公司治理结构相关法律制度

在企业内部，以改革《公司法》为主要方式，完善公司治理结构的相关法律制度，最大限度地使利益相关主体参与企业治理，对企业的决策、经营享有一定的发言权，从而有助于企业社会责任的实现。具体可以通过以下几方面进行改革。

（一）完善中小股东参与公司治理的法律措施

真正要让中小股东参与到公司治理中去，我们应当从三个层面进行推进——事前防范、事中监督、事后预防，为的是要全面保护中小股东的权益。事前防范主要包括《公司法》中的累计投票制度、临时股东大会召集请求权制度等。落实累计投票制度最好的办法就是将其设置为强制性条款，并且缩小大股东的表决权，同时也可以通过降低有提案权的中小股东持股比例等方式。事中监督体现在扩大股东知情权范围和救济措施上，可以制定中小股东的限制表决权和表决权代理等限制性制度，由此平衡大股东和小股东表决权之间的悬殊问题，让中小股东能够参与到公司治理中去。在事后预防层面，为了更好地保障中小股东的诉权，可以在《公司法》中明确股东个人诉讼的范围以便股东进行诉讼，并且加强股东解散公司的请求权比例的限制，降低现有的10%比例为5%，既可以保护中小股东权益也可以防止滥讼。

（二）允许银行参与公司法人的治理

类似于日本的治理结构，将银行作为公司的债权人参与到企业的治理之中，可以起到有效监督企业履行其社会责任的作用，这种方式是为了保护银行作为企业特殊债权人的权利。一方面银行对企业的财务以及信用状况进行监督；另一方面银行作为一个涉及公众利益较广的金融机构，其辐射的相关利益人范围更广泛。因此，银行应该参与到公司治理中去。虽然现在我国计划让商业银行担负起对企业的治理和监管的重任，但真正让银行参与治理还需要在法律上构建更有可操作性的机制。例如，借鉴日本的经验，对于资产负债率在60%以上的公司，可以建立债权和股权共同治理的模式，因为公司这时对银行依赖较大，可派银行监督人员进驻企业的董事会、监事会或其他关键性的部门和岗位，对企业的日常经营行为进行监管，为的是保护债权人利益，从而实现社会责任。假如资产负债率在50%左右，这说明债权人风险与股东风险大致相同。此时，银行可以根据企业经营的情况进行介入，代表银行进行监管。

（三）完善职工参与制度

职工作为企业的相关利益者应当参与到企业的治理之中，一方面可以保护职工本身的利益，另一方面也可以提高企业的组织效率。法律规定有两种途径进入管理层。首先，职工可通过职工代表大会的选举进入董事会和监事会。《公司法》第十八条对其有明确的规定。其次，推行员工持股计划。对于一部分持有公司股票的员工，可以选举产生职工持股代表，按《公司法》的要求进入董事会和监事会。应当掌握普遍原则和平等性原则。普遍原则就是将职工董事制度一视同仁地推广到所有公司制企业；平等性原则就是平等配置公司的权力，包括人力资源和非人力资源所有者。最后，建立职工监事的选举制度，有效发挥其监督作用。

参 考 文 献

［1］彭劲松 . 企业管理与企业社会责任 [M]. 广州：华南理工大学出版社，2011.

［2］黎友焕 . 中国企业社会责任研究 [M]. 广州：中山大学出版社，2015.

［3］杜莹，秦学京，屈荣 . 中国企业社会责任理论与实践 [M]. 石家庄：河北科学技术出版社，2015.

［4］刘淑华 . 企业社会责任绩效评价及推进机制 [M]. 北京：中国经济出版社，2015.

［5］章辉美 . 和谐社会视野中的企业社会责任研究 [M]. 北京：光明日报出版社，2016.

［6］唐立军，孙永波，刘文纲 . 我国企业社会责任管理研究 [M]. 北京：中国财富出版社，2015.

［7］郝琴 . 企业社会责任战略：基于国家标准 [M]. 北京：中国经济出版社，2016.

［8］赵怡晴，李仲学，祖秉辉，等 . 企业社会责任动态理论与评价技术 [M]. 北京：煤炭工业出版社，2016.

［9］武正雄 . 公司的社会责任理论探究：以《公司法》为视角 [M]. 长春：吉林大学出版社，2017.

［10］张坤 . 企业社会责任实现机制研究 [M]. 西安：西安交通大学出版社，2017.

［11］董淑兰，王永德 . 企业社会责任与绩效关系研究：基于价值创造与可持续增长的视角 [M]. 沈阳：东北财经大学出版社，2017.

［12］张宪丽 . 企业社会责任的硬法与软法之治 [M]. 北京：中央编译出版社，2018.

［13］殷格非 . 企业社会责任管理：解码责任竞争力 [M]. 北京：中国三峡出版社，2018.

［14］胡琴芳，戴军，周欢 . 企业社会责任行为对消费者购买意愿的影响机制研

究：基于社会交换理论视角 [M].武汉：武汉大学出版社，2018.

［15］郭洪涛.中国企业社会责任比较研究：基于不同所有制的视角 [M].北京：新华出版社，2018.

［16］嵇国平，阚云艳.企业社会责任与企业绩效的关系研究：企业软实力和利益相关者关系的双重中介效应 [M].上海：上海财经大学出版社，2018.

［17］廉春慧.企业社会责任信息、企业声誉与利益相关者行为意向研究 [M].北京：企业管理出版社，2018.

［18］宋国敏.企业社会责任与内部控制：探索与融合 [M].北京：中国社会出版社，2018.

［19］孙晓妍.基于经济外部性的中国企业社会责任研究 [M].太原：山西经济出版社，2019.

［20］张瑞.企业社会责任对创新投资的影响研究 [M].成都：四川大学出版社，2021.

［21］王站杰，陈法杰.企业社会责任与战略风险：理论与实证 [M].沈阳：东北财经大学出版社，2021.

［22］杨梅.公司法背景下企业社会责任的实现路径 [J].法制与社会，2020（34）：52-53.

［23］张康康.企业社会责任的可持续公司法路径 [J].法制与社会，2020（16）：55-56.

［24］邓铁柱.公司法实现企业承担社会责任路径探微 [J].法制博览，2021（11）：84-85.

［25］肖红军，阳镇，刘美玉.企业数字化的社会责任促进效应：内外双重路径的检验 [J].经济管理，2021，43（11）：52-69.

［26］袁仁淼，冼迪曦.企业社会责任与盈余持续性：基于财务绩效的中介效应 [J].商业会计，2021（21）：83-87.

［27］李丽，黄耀苇.企业社会责任对企业业绩的影响：基于企业规模的中介效应 [J].延安大学学报（社会科学版），2021，43（5）：63-69.

［28］朱永明，陈心怡.企业社会责任治理能力提升研究 [J].财会月刊，2021（22）：101-107.

［29］董梦晔.完善企业社会责任法律规制的路径探究 [J].安徽商贸职业技术学院学报（社会科学版），2021，20（3）：47-51.